Geist, Seele und Leib I

Die Geschichte des mysteriösen Strebens unseres Egos

Geist, Seele und Leib I

Dr. Jaerock Lee

URIM BOOKS

Geist, Seele und Leib I von Dr. Jaerock Lee
Veröffentlicht von Urim Books (Vertreten durch: Sungnam Vin)
73, Yeouidaebang-ro 22-gil, Dongjak-gu, Seoul, Republik Korea
www.urimbooks.com

Alle Schriftstellen sind, wenn nicht anders angegeben, der Revidierten Elberfelder Bibel entnommen.

Ursprünglich 2009 auf Koreanisch von Urim Books veröffentlicht

Erste Ausgabe: Februar 2020

Redaktion: Dr. Geumsun Vin
Design: Redaktionsbüro von Urim Books
Druck: Prione Printing
Für weitere Informationen: urimbook@hotmail.com

Vorwort

Für gewöhnlich wollen Menschen erfolgreich sein und ein glückliches, angenehmes Leben führen. Doch selbst, wenn sie Geld, Macht und Ruhm haben, kann niemand dem Tod entgehen. Qin Shihuangdi, der Erste Kaiser des Alten Chinas, trachtete nach einer Pflanze, einem Elixier des Lebens, aber auch er konnte seinen eigenen Tod nicht vermeiden. Dagegen lehrt uns Gott durch die Bibel, dass wir ein Leben erlangen können, das ewig währt. Dieses Leben fließt durch Jesus Christ.

Von dem Zeitpunkt an, als ich Jesus Christus annahm und anfing, die Bibel zu lesen, begann ich auch, dafür zu beten, das Herz Gottes wirklich zu verstehen. Nach sieben Jahren, in denen ich intensiv betete und fastete, erhörte mich Gott. Nachdem ich eine Gemeinde eröffnet hatte, erklärte mir Gott viele schwierige Passagen in der Bibel durch die Inspiration des Heiligen Geistes; eine davon umfasst die vielen Einzelheiten über „Geist, Seele und Leib". Dies ist die geheimnisvolle Geschichte, die uns den Ursprung des Menschen, aber auch uns selbst verstehen lässt. Sie beschreibt, was ich bis dahin nie gehört hatte und so bereitet sie mir unaussprechlich große Freude.

Als ich diese Botschaften über Geist, Seele und Leib predigte, gab es viele Zeugnisse und Rückmeldungen, sowohl aus Korea als auch von Übersee. Viele berichteten, dass sie sich nun selbst begriffen hatten. Sie verstanden, welche Art von Wesen sie waren. Sie empfingen Antworten auf Fragen, die sie in Bezug auf viele schwierige Abschnitte in der Bibel hatten. Außerdem erkannten sie, wie man das echte Leben gewinnt. Einige von ihnen sagen, nun hätten sie es sich zum Ziel gesetzt, eine geistige – vom Geist Gottes geleitete – Person zu werden und an Seiner göttlichen Natur teilzuhaben. Sie streben danach das zu erreichen, was in 2. Petrusbrief 1,4 geschrieben steht, wo es heißt: *„[D]urch die er uns die kostbaren und größten Verheißungen geschenkt hat, damit ihr durch sie Teilhaber der göttlichen Natur werdet, die ihr dem Verderben, das durch die Begierde in der Welt ist, entflohen seid.“*

In dem *Werk Die Kunst des Krieges* von Sunzi heißt es, wenn man sich und seinen Feind kennt, wird man nie eine Schlacht verlieren. Die Botschaften über „Geist, Seele und Leib" bringen Licht in den tief gelegenen Teil von uns selbst und sie lehren uns über den Ursprung des Menschen. Wenn wir diese Botschaft studieren und wirklich verstehen, können wir jeden Menschen verstehen. Auch lernen wir, die Mächte der Finsternis zu bekämpfen, die auf uns Einfluss ausüben; unser Ziel ist es, ein siegreiches Leben als Christen führen zu können.

Ich danke Geumsun Vin, der Leiterin unserer Redaktion, und den Mitarbeitern, die sich der Veröffentlichung dieses Buches gewidmet haben. Ich hoffe, dass ihr in allen Bereichen Erfolg habt und dass ihr gesund bleibt, während es eurer Seele wohlgeht und dass ihr mehr und mehr an der göttlichen Natur teilhabt.

Juni 2009,

Jaerock Lee

Die Reise zu Geist, Seele und Leib beginnt

*„Er selbst aber, der Gott des Friedens, heilige euch völlig;
und vollständig möge euer Geist und Seele und Leib
untadelig bewahrt werden bei der Ankunft unseres Herrn Jesus Christus!"*
(1. Thessalonicher 5,23).

Theologen diskutieren schon lange über die Teile, aus denen der Mensch besteht; es gibt die Theorie der Dichotomie und die der Trichotomie. Laut der Theorie der Dichotomie besteht der Mensch aus zwei Teilen, nämlich Geist und Seele, während er gemäß der Lehre der Trichotomie aus drei Teilen besteht, das heißt aus Geist, Seele und Leib. Dieses Buch basiert auf der Theorie der Trichotomie.

Normalerweise kann man Wissen in solches über Gott und solches über Menschen unterteilen. Es ist sehr wichtig, Wissen über Gott zu erlangen, während wir unser Leben hier auf dieser Erde verbringen. Wir können ein erfolgreiches Leben haben und das ewige Leben erlangen, wenn wir das Herz Gottes verstehen und Seinem Willen folgen.

Der Mensch wurde im Ebenbild Gottes geschaffen und kann ohne Gott nicht wirklich leben, denn ohne Ihn kann er nicht begreifen, woher er kommt. Die Antworten auf den Ursprung der Menschheit können wir nur bekommen, wenn wir wissen, wer Gott ist.

Geist, Seele und Leib gehören zu einem Bereich, den wir allein mit menschlichem Wissen, unserer Weisheit und Kraft nicht verstehen können. Diesen Bereich kann uns nur Gott, der den Ursprung der Menschheit kennt, aufschließen. Ein vergleichbares Beispiel wäre folgendes: Derjenige, der den Computer gebaut hat, hat das fachliche Wissen über dessen Aufbau und Arbeitsprinzipien. Somit kann der Erbauer auch alle Probleme lösen, wenn es darum geht, den Computer wieder zum Laufen zu bringen. Dieses Buch ist gefüllt mit geistlichem Wissen über die vierte Dimension; es gibt uns klare Antworten auf Fragen über Geist, Seele und Leib.

Zu den Dingen, die der Leser in diesem Buch lernen kann, gehören:

1. Wenn man Geist, Seele und Leib, also die Teile, aus denen der Mensch besteht, geistlich erfasst, kann man sich selbst betrachten und Einblick in das Leben an sich bekommen.

2. Der Leser kann sich voll bewusst werden, wer er wirklich ist und was für ein Selbst(bild) er geschaffen hat. Dieses Buch weist ihm den Weg dahin, dass er für sich selbst begreift, was der Apostel Paulus in 1. Korinther 15,31 sagte, nämlich: *„Täglich sterbe ich"*, und dass er gemäß dem Wunsch Gottes die Heiligung erlangt und ein Mensch des Geistes wird.

3. Nur wenn wir uns selbst verstehen, können wir verhindern, dass der Feind, der Teufel oder Satan, uns eine Falle stellt, und die Kraft erlangen, die Finsternis zu besiegen. Jesus sagte: *„Wenn er jene Götter nannte, an die das Wort Gottes erging – und die Schrift kann nicht aufgelöst werden"* (Johannes 10,35). So zeigt dieses Buch dem Leser eine Abkürzung, wie er an der göttlichen Natur teilhaben und alle von Gott verheißenen Segnungen empfangen kann.

Inhaltsverzeichnis

Vorwort

Die Reise zu Geist, Seele und Leib beginnt

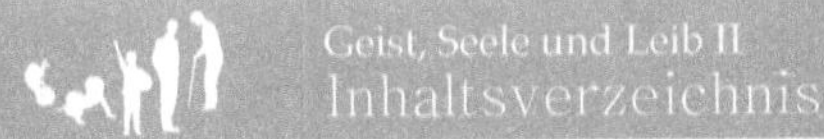
Geist, Seele und Leib II
Inhaltsverzeichnis

Teil 1

Fleisch wird gebildet

Was ist der Ursprung des Menschen?
Woher kommen wir und wohin gehen wir?

Denn du bildetest meine Nieren.
Du wobst mich in meiner Mutter Leib.
Ich preise dich darüber,
dass ich auf eine erstaunliche, ausgezeichnete Weise gemacht bin.
Wunderbar sind deine Werke,
und meine Seele erkennt es sehr wohl.
Nicht verborgen war mein Gebein vor dir,
als ich gemacht wurde im Verborgenen,
gewoben in den Tiefen der Erde.
Meine Urform sahen deine Augen.
Und in dein Buch waren sie alle eingeschrieben,
die Tage, die gebildet wurden, als noch keiner von ihnen da war.
- Psalm 139,13-16

Kapitel 1
Das Konzept des Fleisches

Der Leib des Menschen, der im Verlauf der Zeit wieder
zu einer Handvoll Staub wird, ja, alles, was der Mensch isst, sieht,
hört und genießt und all das, was er herstellt, zählt als „Fleisch".

Was ist Fleisch?

Der Mensch ist unwürdig und hat keinen Wert, wenn er im Fleisch bleibt

Alles im Universum hat verschiedene Dimensionen

Höhere Dimensionen unterwerfen niedrigere und üben über sie die Kontrolle aus

Im Verlaufe der Geschichte haben die Menschen versucht, die Frage zu beantworten, was der Mensch ist. Die Antwort auf diese Frage wird uns bei anderen Fragen, wie der nach dem Sinn des Lebens oder wie wir unser Leben führen sollen, helfen. Studien, Forschungsprojekte und Thesen darüber, warum der Mensch existiert, gibt es im Bereich der Philosophie und Religion zur Genüge. Doch es ist nicht leicht, eine klare, präzise Antwort zu finden.

Dennoch versucht der Mensch immer wieder, Antworten auf die Frage zu finden, was für ein Wesen der Mensch ist und wer er ist. Derlei Fragen werden gestellt, weil die Antwort darauf – bei der Lösung von grundlegenden Problemen der menschlichen Existenz – leicht zum Schlüssel werden kann. Weltliche Untersuchungen und Forschungsprojekte können derartige Fragen aber nicht klar beantworten, denn das kann allein Gott. Er schuf das Universum und alles darin und Er schuf den Menschen. Gottes Antwort ist die richtige. Einen Hinweis für die Beantwortung dieser Fragen können wir in der Bibel, dem Wort Gottes, finden.

Theoretiker trennen die Komponenten, aus denen der

Menschen besteht, häufig in zwei Teile, nämlich in seinen „Geist"
und seinen „Leib". Der Teil, der die mentalen Aspekte ausmacht,
wird als Geist bezeichnet und der Teil, der sichtbar, also physisch
ist, wird als Leib bezeichnet. Die Bibel unterteilt den Menschen
dagegen in drei Teile: Geist, Seele und Leib.

In 1. Thessalonicher 5,23 steht: „*Er selbst aber, der Gott des
Friedens, heilige euch völlig; und vollständig möge euer Geist
und Seele und Leib untadelig bewahrt werden bei der Ankunft
unseres Herrn Jesus Christus!*"

Geist und Seele sind nicht dasselbe! Nicht nur die Begriffe
unterscheiden sich, sie sind grundsätzlich verschieden. Um zu
verstehen, was der Mensch ist, müssen wir wissen, was es mit
Leib, Seele und Geist auf sich hat.

Was ist Fleisch?

Lassen Sie uns zunächst die Definition aus dem Wörterbuch
betrachten. Im Merriam-Webster steht unter Fleisch: „[D]
ie weichen Teile des Körpers von Tieren, besonders von
Wirbeltieren; insbesondere: die Teile, die hauptsächlich aus
Muskeln um das Skelett herum bestehen, also nicht die inneren
Organe, die Knochen selbst oder die Haut." Es kann sich auch auf
die essbaren Teile von Tieren beziehen. Doch um zu verstehen,
was Fleisch im biblischen Sinne ist, müssen wir die geistliche
Bedeutung und nicht die Wörterbuchdefinition verstehen.

In der Bibel sind die Wörter „Leib" und „Fleisch" oft

zu finden. In den meisten Fällen haben sie eine geistliche Bedeutung. Im Geistlichen ist Fleisch ein allgemeiner Begriff für Dinge, die vergehen, sich verändern und schließlich ganz verschwinden werden. Es beschreibt auch Dinge, die schmutzig und unrein sind. Bäume, die grüne Blätter haben, werden eines Tages vertrocknen und absterben; ihre Äste und ihr Stamm werden vielleicht Feuerholz. Bäume, Pflanzen und andere natürliche Dinge vergehen und verschwinden im Laufe der Zeit. So sind sie alle „Fleisch".

Wie steht es mit dem Menschen, dem Herrscher über alle Geschöpfe? Heute leben etwa sieben Milliarden Menschen auf der Erde. Gerade jetzt wird irgendwo auf der Erde ein Kind geboren, andernorts stirbt jemand – das passiert fortwährend. Wenn jemand stirbt, wird sein Leib im Laufe der Zeit wieder zu Staub. Das heißt, auch der Mensch ist Fleisch. Die Nahrungsmittel, die wir zu uns nehmen, Sprachen, die gesprochen werden, Alphabete, mit denen Gedanken festgehalten werden, wissenschaftliche und technische Errungenschaften, die der Mensch sich zu Nutze macht – all das fällt in die Kategorie Fleisch. Diese Dinge ändern sich und vergehen im Laufe der Zeit. Das bedeutet, alles das, was wir auf der Erde sehen können, und alles uns im Universum Bekannte zählt zum Fleisch.

Der Mensch wandte sich von Gott ab; damit wurde er ein fleischliches Wesen. Das, was die Menschen produzieren, ist ebenfalls fleischlich. Was entwickeln fleischliche Menschen und wonach trachten sie? Sie trachten nur nach den Gelüsten des Fleisches, der Lust der Augen und dem prahlerischen Stolz des Lebens. Sogar die Gesellschaften, die der Mensch entwickelt hat, sind darauf ausgerichtet, die fünf Sinne zu befriedigen. Sie trachten nach Vergnügen und danach wie sie fleischliche Gelüste und Wünsche erfüllen können. Im Laufe der Zeit haben die Menschen immer mehr nach sinnlichen und provokanten Dingen getrachtet. Je weiter sich eine Gesellschaft entwickelt, desto stärker werden die Menschen lüstern und korrupt.

Neben dem sichtbaren Fleisch gibt es auch unsichtbares Fleisch. Die Bibel sagt, dass Hass, Streit, Neid, Mord, Ehebruch und alles Natürliche, was mit Sünde zu tun hat, „Fleisch" ist. So wie der Duft von Blumen, die Luft und der Wind existieren und doch unsichtbar sind, gibt es auch eine unsichtbare sündige Natur im Herzen des Menschen. All dies zählt mit zum Fleisch. Somit ist „Fleisch" der allgemeine Ausdruck für alles im Universum, das einmal vergeht oder sich im Laufe der Zeit verändert. Das schließt auch Unwahrheiten, wie Sünde, das Böse, Ungerechtigkeit und Gesetzlosigkeit ein.

Im Römer 8,8 steht: *„Die aber, die im Fleisch sind, können Gott nicht gefallen."* Wenn sich Fleisch in diesem Vers nur auf den Körper des Menschen beziehen würde, könnte nie auch nur ein Mensch Gott gefallen. Somit muss eine andere Bedeutung dahinter stecken.

Außerdem sagte Jesus in Johannes 3,5: *„Was aus dem Fleisch geboren ist, ist Fleisch, und was aus dem Geist geboren ist, ist*

Geist", und in Johannes 6,63: *„Der Geist ist es, der lebendig macht; das Fleisch nützt nichts. Die Worte, die ich zu euch geredet habe, sind Geist und sind Leben."* „Fleisch" bezieht sich hier auf Dinge, die vergehen und sich ändern – und darum sagte Jesus, dass sie nichts nützen.

Menschen sind unwürdig und wertlos, wenn sie im Fleisch bleiben

Anders als Tiere trachtet der Mensch – gemäß seinen Gefühlen und Gedanken – nach Werten. Doch diese sind nicht ewig und daher zählen auch sie zum Fleisch. Die Dinge, die der Mensch als wertvoll erachtet, wie zum Beispiel Wohlstand, Ruhm und Wissen sind auch bedeutungslos und vergehen bald. Wie steht es mit dem Gefühl, das wir „Liebe" nennen? Wenn ein Mann und eine Frau miteinander gehen, sagen sie vielleicht, dass sie nicht ohne den Partner eben können. Doch viele dieser Pärchen denken anders darüber, wenn sie verheiratet sind. Sie werden leicht zornig oder sind frustriert, manche werden sogar gewalttätig, nur weil ihnen irgendetwas nicht gefällt. All diese Veränderungen der Gefühle sind fleischlich. Wenn Menschen im Fleisch bleiben, unterscheiden sie sich nicht von Tieren und Pflanzen. In Gottes Augen sind alle Dinge, die vergehen und schließlich verschwinden, Fleisch.

In 1. Petrus 1,24 heißt es: *„Denn alles Fleisch ist wie Gras und alle seine Herrlichkeit wie des Grases Blume. Das Gras ist verdorrt, und die Blume ist abgefallen"*, und in Jakobus 4,14 steht: *„[D]ie ihr nicht wisst, wie es morgen um euer Leben stehen wird; denn ihr seid ein Dampf, der eine kleine Zeit sichtbar ist und dann verschwindet."*

Der Leib und alle Gedanken der Menschen sind bedeutungslos, weil sie vom Wort Gottes abgewichen sind. Gott ist Geist. König Salomo genoss alle Ehre und allen Glanz, den ein Mensch auf dieser Erde je haben konnte, doch ihm wurde klar, wie bedeutungslos das Fleisch war und er sagte: *„Nichtigkeit der Nichtigkeiten! ... Nichtigkeit der Nichtigkeiten, alles ist Nichtigkeit! Welchen Gewinn hat der Mensch von all seinem Mühen, mit dem er sich abmüht unter der Sonne?"* (Prediger 1,2-3).

Alle Dinge im Universum haben verschiedene Dimensionen

In der Physik und Mathematik werden Dimensionen mit einer von drei Koordinaten angegeben, um ihre Position im Raum anzugeben. Ein Punkt auf einer Linie hat einen Koordinaten, der eindimensional ist. Ein Punkt auf einer Fläche hat zwei Koordinaten und ist zweidimensional. Ebenso hat ein Punkt in einem Raum drei Koordinaten und ist dreidimensional.

Der Raum, in dem wir leben, ist physikalisch gesehen eine dreidimensionale Welt. In der höheren Physik wird die Zeit als vierte Dimension betrachtet. Dies entspricht dem wissenschaftlichen Verständnis von Dimensionen.

Mit Blick auf Geist, Seele und Leib können Dimensionen im Allgemeinen in physische und geistliche Dimensionen eingeteilt werden. Physikalische Dimensionen reichen von dimensionslos bis dreidimensional. Zunächst bezieht sich der Ausdruck „dimensionslos" auf Dinge, die kein Leben haben. Steine, Erde, Wasser und Metall gehören in diese Kategorie. Alle lebendigen Dinge werden als ein-, zwei- oder dreidimensional klassifiziert.

Die erste Dimension bezieht sich auf Dinge, die lebendig sind und atmen, aber sich nicht bewegen können, das heißt sie bewegen sich naturgemäß nicht. Diese Dimension umfasst Blumen, Gras, Bäume und andere Pflanzen. Sie haben einen Leib, aber keine Seele und keinen Geist.

Die zweite Dimension umfasst Wesen, die atmen und sich bewegen können. Das heißt, sie bestehen aus Leib und Seele. Dazu zählen Tiere wie Löwen, Kühe und Schafe, aber auch Vögel, Fische und Insekten. Hunde haben eine Seele, so kennen sie ihre Herrchen; Fremde dagegen bellen sie an.

Die dritte Dimension umfasst Wesen, die atmen und sich bewegen können sowie eine Seele und einen Geist in ihrem Leib haben, welcher sichtbar ist. Damit sind Menschen gemeint; sie sind Herr über alle anderen Geschöpfe. Anders als Tiere haben sie einen Geist. Sie können denken, nach Gott trachten und an Ihn glauben.

Es gibt noch eine vierte Dimension, die für unsere Augen unsichtbar ist. Dabei handelt es sich um die geistliche Dimension. Gott, der Geist ist, die himmlischen Heerscharen, Engel und Cherubim gehören in diese geistliche Dimension.

Höhere Dimensionen machen sich niedrigere untertan und kontrollieren sie

Zweidimensionale Wesen können sich eindimensionale untertan machen und sie kontrollieren. Wesen in der dritten Dimension wiederum können sich diejenigen in der zweiten oder einer noch niedrigeren Dimension untertan machen und kontrollieren. Wesen in den unteren Dimensionen können die über ihnen liegenden Dimensionen nicht begreifen. Lebensformen der ersten Dimension können die in der zweiten nicht verstehen und zweidimensionale Wesen können dreidimensionale nicht begreifen. Stellen wir uns beispielsweise vor, dass ein Mensch Samen sät, ihn bewässert und sich darum kümmert. Wenn die Saat aufgeht, wächst sie zu einem Baum heran und trägt Früchte. Doch der Samen weiß nicht, was der Mensch mit ihm gemacht hat. Auch wenn Würmer von Menschen zertreten werden und sterben, kennen sie den Grund nicht. Die Wesen in höheren Dimensionen können sich die in niedrigeren untertan machen und sie kontrollieren, aber allgemein können Wesen in niedrigeren Dimensionen nicht anders, als sich von denen über ihnen beherrschen zu lassen.

So kann der Mensch als dreidimensionales Wesen den geistlichen, vierdimensionalen Bereich auch nicht begreifen. Ein fleischlicher Mensch kann also nichts gegen die Unterjochung und Kontrolle von Dämonen tun. Doch wenn wir das Fleischliche ablegen und zu geistlichen Menschen werden, können wir in die vierdimensionale Welt eintreten und uns damit auch böse Geister untertan machen und sie besiegen.

Gott, der Geist ist, will, dass Seine Kinder die vierte Dimension verstehen. Nur so können sie den Willen Gottes erkennen, Ihm gehorchen und wahres Leben erlangen. Bevor Adam, wie in 1. Mose 1 steht, vom Baum der Erkenntnis von Gut und Böse aß, waren ihm alle Dinge untertan und er herrschte über sie. Adam war damals ein lebendiger Geist und gehörte in die vierte Dimension. Doch als er sündigte, starb sein Geist. Nicht nur Adam selbst, sondern alle seine Nachkommen sind seither Teil der dreidimensionalen Welt. Im Folgenden wollen wir uns anschauen, wie der Mensch, der von Gott geschaffen wurde, in die dritte Dimension abrutschte, und wie er in die vierdimensionale Welt zurückgehen kann!

Kapitel 2

Die Schöpfung

Gott der Schöpfer hatte einen erstaunlichen Plan für die Menschheit.
Er trennte den physischen und den geistlichen Bereich
und schuf die Himmel und die Erde und alles, was darin ist.

1. Die geheimnisvolle Aufteilung des Raumes

2. Der physische und der geistliche Raum

3. Der Mensch mit Geist, Seele und Leib

Schon bevor die Zeit begann, existierte Gott allein im Universum. Er existierte als Licht und herrschte über alles, was sich in den unendlichen Weiten des Universums bewegte. In 1. Johannes 1,5 steht, dass Gott Licht ist. Dies bezieht sich in erster Linie auf geistliches Licht, aber es bezieht sich auch auf Gott, der im Anfang als Licht existierte.

Gott wurde von niemandem geboren. Er ist das vollkommene Wesen, was allein existiert. Darum brauchen wir auch gar nicht erst versuchen, Ihn mit unserer eingeschränkten Kraft und unserem begrenzten Wissen zu bereifen. In Johannes 1,1 lesen wir von einem Geheimnis über den Anfang. Dort steht: *„Im Anfang war das Wort.“* Dies ist eine Erklärung für Gottes Gestalt: das Wort in einem geheimnisvollen, wunderschönen Licht, das über alles im Universum herrscht.

Hier bezieht sich das Wort „Anfang“ auf einen Zeitpunkt vor der Ewigkeit, einen Punkt also, den sich kein Mensch vorstellen kann. Das war noch vor dem in 1. Mose 1,1 beschriebenen Anfang der Schöpfung. Was geschah also, bevor die Welt geschaffen wurde?

1. Die geheimnisvolle Aufteilung des Raumes

Der geistliche Bereich ist nicht weit entfernt. Es gibt Tore, die in verschiedenen Teilen des sichtbaren Himmels mit dem geistlichen Bereich verbunden sind.

Nachdem eine sehr lange Zeit vergangen war, wollte Gott jemanden haben, dem Er Seine Liebe und andere Dinge schenken konnte. In Gott sind sowohl Göttlichkeit als auch Menschlichkeit vereint und aus diesem Grund wollte Er alles, was Er hatte, mit jemand anderem teilen, anstatt alles allein zu genießen. Vor diesem Hintergrund, begann Er, die Menschheitsgeschichte zu planen. Seine Vision war es, den Menschen zu schaffen und ihn zu segnen, sodass er sich vermehren konnte. Auf diese Weise wollte Er unzählige Seelen gewinnen, die Ihm ähnlich waren, die Er dann im Königreich der Himmel versammeln würde, so wie Bauern Landwirtschaft betreiben und dann die Ernte einfahren.

Gott wusste, dass einerseits ein geistlicher Raum nötig sein würde, wo Er wohnen würde, und andererseits ein physischer Raum gebraucht werden würde, wo der Mensch leben konnte. So trennte Er das riesige Universum in den geistlichen und den physischen Raum. Seither existiert Gott in der Dreieinigkeit: Gott der Vater, Gott der Sohn und Gott der Heilige Geist. Der Grund dafür war, dass die Menschheit später einen Retter, nämlich Jesus, und einen Helfer, den Heiligen Geist, brauchen würde.

In der Offenbarung 22,13 heißt es: „*Ich bin das Alpha und das Omega, der Erste und der Letzte, der Anfang und das Ende.*" Dies deutet auf die Dreieinigkeit Gottes hin. Mit „Alpha und Omega" ist der Vater gemeint, der am Anfang und am Ende aller Erkenntnis und der Menschheitsgeschichte steht. „Der Erste und der Letzte" bezieht sich auf Gott den Sohn, das heißt auf Jesus, der der Erste und der Letzte in der Errettung der Menschheit ist. „Der Anfang und das Ende" bezieht sich auf den Heiligen Geist, der der Anfang und das Ende der menschlichen Zivilisation darstellt.

Der Sohn, Jesus, erfüllt die Pflichten des Retters. Der Heilige Geist legt als Helfer Zeugnis über den Retter ab und vervollständigt die Errettung der Menschheit. Die Bibel beschreibt den Heiligen Geist auf verschiedene Art und Weise. Sie vergleicht ihn mit einer Taube und mit Feuer. Sie beschreibt ihn auch als den Geist von Gottes Sohn. In Galater 4,6 heißt es: „*Weil ihr aber Söhne seid, sandte Gott den Geist seines Sohnes in unsere Herzen, der da ruft: Abba, Vater!*" Und in Johannes 15,26 steht: „*Wenn der Beistand gekommen ist, den ich euch von dem Vater senden werde, der Geist der Wahrheit, der von dem Vater ausgeht, so wird der von mir zeugen.*"

Gott der Vater, der Sohn und der Heilige Geist nahmen eine ganz bestimmte Form an, um das Schicksal der Menschheit zu besiegeln; alle Pläne wurden besprochen. Dies finden wir auch im Schöpfungsbericht in 1. Mose 1.

Wenn es in 1. Mose 1,26 heißt: *„Und Gott sprach: Lasst uns Menschen machen in unserm Bild, uns ähnlich!"*, bedeutet das nicht, dass der Mensch nur äußerlich im Bild von Gott dem Vater, dem Sohn und dem Heiligen Geist geschaffen wurde. Es bedeutet vielmehr, dass der Geist, also das was den Menschen an sich ausmacht, von Gott gegeben wurde und dieser Geist wurde im Ebenbild eines heiligen Gottes geschaffen.

Der physische und der geistliche Raum

Als Gott allein existierte, brauchte Er nicht zwischen dem physischen und dem geistlichen Raum zu unterscheiden. Doch für die Menschen war ein physischer Bereich nötig, in dem sie würden leben können. Darum nahm Gott diese Aufteilung zwischen dem physischen und dem geistlichen Bereich vor.

Diese Aufteilung bedeutet allerdings nicht, dass beide Teile ganz und gar voneinander getrennt wurden, wie wenn man etwas in zwei Hälften schneidet. Stellen wir uns zwei verschiedene Gase in einem Raum vor. Wir fügen eine Chemikalie zu, sodass sich ein Gas rot färbt und sich somit von dem anderen unterscheidet. Nun haben wir zwar zwei verschiedene Gase im Raum, aber unsere Augen können nur eins davon wahrnehmen, nämlich das rote. Wenn auch nicht sichtbar so ist das andere dennoch weiterhin vorhanden.

So teilte Gott den riesigen geistlichen Bereich in den sichtbaren physischen und den unsichtbaren geistlichen Bereich.

Natürlich existieren der physische und der geistliche Bereich nicht so wie die beiden Gase in unserem Beispiel. Sie erscheinen getrennt, doch sie überlappen sich. Und obwohl sie sich überlappen, sind sie dennoch getrennt.

Als Beweis dafür, dass der physische und der geistliche Bereich auf mysteriöse Weise getrennt voneinander existieren, hat Gott an verschiedenen Stellen im Universum Portale in den geistlichen Bereich gesetzt. Der geistliche Bereich ist nicht weit weg. Es gibt solche Portale, die in den geistlichen Bereich führen, an vielen Stellen im sichtbaren Himmel. Würde Gott uns die geistlichen Augen öffnen, könnten wir unter bestimmten Umständen den geistlichen Bereich hinter diesen Portalen sehen.

Als Stephanus vom Geist erfüllt war und Jesus zur Rechten Gottes stehen sah, war der Grund, dass sowohl seine geistlichen Augen als auch ein Portal in den geistlichen Bereich geöffnet waren (Apostelgeschichte 7,55-56).

Elia wurde lebendig in den Himmel aufgenommen. Der auferstandene Herr Jesus fuhr in den Himmel auf. Mose und Elia erschienen auf dem Berg der Verklärung. Wir können sehen, dass sich diese Dinge tatsächlich ereignet haben, wenn wir die Tatsache anerkennen, dass es tatsächlich Portale oder Türen zum geistlichen Bereich gibt.

Das Universum ist enorm groß und möglicherweise unendlich. Der Bereich, den man von der Erde aus sehen kann, das heißt das sichtbare Universum, ist eine Sphäre mit einem

Radius von 46 Milliarden Lichtjahren. Wenn der geistliche Bereich hinter dem physischen Universum läge, würde eine Reise zum geistlichen Bereich selbst mit dem schnellsten Raumschiff buchstäblich unendlich lange dauern. Können Sie sich vorstellen, welche Entfernungen die Engel zurücklegen müssten, um hin- und herzureisen? Da es aber diese Türen zum geistlichen Bereich gibt, die sich öffnen und schließen lassen, kommt man von einem zum anderen Bereich so leicht, als würde man durch eine Tür gehen.

Gott schuf vier Himmel

Nachdem Gott das Universum in den geistlichen und den physischen Bereich getrennt hatte, unterteilte Er sie in die notwenige Anzahl von Himmeln. Die Bibel erwähnt, dass es nicht nur einen Himmel, sondern mehrere gibt. Sie berichtet sogar davon, dass es mehr Himmel gibt, als wir mit unseren natürlichen Augen sehen können.

In 5. Mose 10,14 steht: *„Siehe, dem HERRN, deinem Gott, gehören der Himmel und die Himmel der Himmel, die Erde und alles, was in ihr ist"* und in Psalm 68,34 lesen wir: *„[I]hm, der einherfährt auf dem Himmel, dem Himmel der Vorzeit! Siehe, er lässt seine Stimme erschallen, eine mächtige Stimme."* Und König Salomo sagte in 1. Könige 8,27: *„Ja, sollte Gott wirklich auf der Erde wohnen? Siehe, der Himmel und die Himmel der Himmel können dich nicht fassen; wie viel weniger dieses Haus, das ich gebaut habe!"*

Gott benutzt das Wort „Himmel", um den geistlichen Bereich zu beschreiben, sodass wir leichter begreifen können, was zum geistlichen Bereich gehört. Allgemein wurde der Himmel in vier Kategorien unterteilt. Der erste Himmel umfasst den gesamten physischen Bereich mit der Erde, unserem Sonnensystem, der Galaxis und dem gesamten Universum.

Ab dem zweiten Himmel handelt es sich um den geistlichen Raum. Der Garten Eden und der Ort für die bösen Geister befinden sich im zweiten Himmel. Nachdem Gott den Menschen geschaffen hatte, schuf Er auch den Garten Eden, also den Bereich, wo im zweiten Himmel Licht ist. Gott führte den Menschen in den Garten; dieser sollte ihn sich untertan machen und über alles andere dort herrschen (2. Mose 2,15).

Der Thron Gottes befindet sich im dritten Himmel. Das ist das Königreich der Himmel, wo die Kinder Gottes, die im Laufe der Menschheitsgeschichte errettet wurden, wohnen werden.

Der vierte ist der ursprüngliche Himmel, in dem Gott allein als Licht existierte, bevor Er den Raum teilte. Es ist ein mysteriöser Ort, an dem all das, worüber Gott gerade nachdenkt, in Erfüllung geht. Dort gibt es keinerlei Grenzen für Raum und Zeit.

2. Der physische und der geistliche Raum

Warum haben so viele Gelehrte den Garten Eden vergeblich gesucht? Weil der Garten Eden sich im zweiten Himmel – einem der geistlichen Bereiche – befindet.

Der Bereich, den Gott spaltete, kann in den physischen und den geistlichen Bereich unterteilt werden. Für Seine Kinder schuf Gott das Königreich der Himmel im dritten Himmel, aber Er platzierte die Erde für die Menschheit in den ersten Himmel.

In 1. Mose 1 wird kurz beschrieben, wie Gott alles in sechs Tagen schuf. Gott schuf allerdings am Anfang keine vollkommen perfekte Erde. Zunächst legte Er das Fundament und dann schuf Er den Himmel durch das verschieben der Erdkrusten und durch viele meteorologische Phänomene. Gott arbeitete für einen langen Zeitraum intensiv daran. Manchmal kam Er persönlich auf die Erde, um zu schauen, wie alles lief, denn die Erde war das Territorium, wo Seine geliebten echten Kinder leben sollten.

Föten wachen geschützt in der Fruchtblase im Mutterleib auf. So wurde auch die Erde gebildet und ihr Fundament gelegt. Zu dem Zeitpunkt war die Erde von enormen Wassermengen bedeckt. Es war das Wasser des Lebens aus dem dritten Himmel. Das war der Grund, warum die Erde schließlich als Lebensraum für alles bereit stand. Erst dann begann Gott mit der Schöpfung.

Der physische Raum, das Territorium für die Menschheit

Als Gott am ersten Schöpfungstag sprach: „Es werde Licht!",
kam geistliches Licht aus dem Thron Gottes und bedeckte die
Erde. Durch dieses Licht wurde die ewige Kraft und göttliche
Natur Gottes in alles eingebettet und alle Dinge wurden durch
die Naturgesetze kontrolliert (Römer 1,20).

Gott schied das Licht von der Finsternis und nannte das
Licht Tag und die Finsternis Nacht. Er schuf ein Gesetz: Es sollte
Tag und Nacht geben und die Zeit sollte vergehen. Er tat dies,
noch bevor Er Sonne und Mond schuf.

Am zweiten Tag schuf Gott eine Wölbung und trennte das
Wasser, das die Erde bedeckte. So gab es Gewässer sowohl unter
der Wölbung als auch darüber. Die Wölbung bezeichnete Er als
Himmel. Das ist der Teil, den wir mit unseren natürlichen Augen
sehen können. Nun waren die wichtigsten Teile der Umwelt
geschaffen worden, in der alle Lebewesen existieren konnten. Es
gab Luft zum Atmen und die Wolken und der Himmel waren
für meteorologische Phänomene geschaffen worden.

Das Wasser unter der Wölbung ist das, was wir noch heute
auf der Erdoberfläche vorfinden. Daraus entstanden Ozeane,
Meere, Seen und Flüsse (1. Mose 1,9-10).

Das Wasser über der Wölbung war für Eden im zweiten
Himmel bestimmt. Am dritten Tag sorgte Gott dafür, dass sich
das Wasser unter der Wölbung an einer Stelle ansammelte, um
das Meer vom Land zu trennen. Außerdem schuf Er Gras und

Gemüse.

Am vierten Tag schuf Gott Sonne, Mond und Sterne und ließ sei über Tag und Nacht herrschen. Am fünften Tag schuf Er Fische und Vögel. Am sechsten Tag schuf Er schließlich alle Tiere und den Menschen.

Der unsichtbare geistliche Raum

Der Garten Eden befindet sich im geistlichen Bereich im zweiten Himmel, aber er unterscheidet sich vom geistlichen Bereich im dritten Himmel. Es ist kein vollkommener geistlicher Bereich, weil er neben dem physischen Bereich koexistiert. Einfach ausgedrückt ist es eine Station zwischen Fleisch und Geist. Nachdem Gott den Menschen als lebendiges Wesen geschaffen hatte, legte Er im Osten den Garten Eden an und brachte den Menschen dorthin (1. Mose 2,8).

Hier bezieht sich Osten nicht auf den physischen Osten. Es hat vielmehr die besondere Bedeutung eines Bereiches, der von Licht umgeben ist. Bis heute denken viele Gelehrte, dass der Garten Eden irgendwo in der Nähe der Flüsse Euphrat und Tigris war. Doch trotz intensiver Forschung und archäologischer Ausgrabungen, haben sie keine Spuren des Gartens finden können. Der Grund dafür ist, dass der Garten, in dem die „lebendige Seele" Adams einst lebte, im zweiten Himmel war, der im geistlichen Bereich angesiedelt ist.

Der Garten Eden ist ein riesiges Territorium, das wir uns gar nicht vorstellen können. Die Kinder, die Adam dort hatte, bevor er sündigte, leben immer noch dort und bekommen ständig mehr Kinder. Im Garten Eden gibt es auch keine räumlichen Grenzen und so wird er auch im Laufe der Zeit nie überfüllt sein.

Doch in 1. Mose 3,24 lesen wir, dass Gott die Cherubim und die Flamme des zuckenden Schwertes östlich vom Garten Eden aufstellte.

Das liegt daran, dass der Osten des Gartens neben dem finsteren Bereich liegt. Böse Geister wollten schon immer aus verschiedenen Gründen in den Garten hinein. Erstens wollten sie Adam in Versuchung führen und zweitens an die Frucht vom Baum des Lebens herankommen. Sie wollten das ewige Leben, indem sie vom Baum des Lebens aßen und sich Gott auf ewig als Feinde entgegenstellen. Adam hatte die Aufgabe, den Garten Eden vor den Mächten der Finsternis zu schützen. Doch er wurde von Satan dazu verführt, vom Baum der Erkenntnis von Gut und Böse zu essen, was dazu führte, dass Adam auf die Erde vertrieben wurde. Danach übernahmen die Cherubim und das flammende Schwert seine Aufgabe.

Wir können den Schluss ziehen, das der Bereich des Lichtes, in dem der Garten Eden ist, und der Bereich der Finsternis für die bösen Geister im zweiten Himmel nebeneinander existieren. Auch gibt es im Bereich des Lichtes im zweiten

Himmel einen Ort, an dem die Gläubigen nach der Rückkehr des Herrn das sieben Jahre währende Hochzeitsmahl mit Ihm feiern werden. Dieser Ort ist viel schöner als der Garten Eden. Alle, die seit Beginn der Schöpfung gerettet wurden, werden am Hochzeitsmahl teilnehmen. Da kann man sich vorstellen, wie groß dieser Bereich ist.

Es gibt im geistlichen Bereich auch einen dritten und vierten Himmel. Mehr dazu erfahren Sie im zweiten Band von Geist, Seele und Leib. Der Grund, warum Gott den physischen und den geistlichen Bereich trennte und diese anschließend nochmals in verschiedene Bereiche unterteilte, war der Mensch. Es geschah mit Blick auf die Vorsehung, weil Gott echte Kinder haben wollte. Woraus besteht nun der Mensch und wie setzt er sich zusammen?

3. Der Mensch mit Geist, Seele und Leib

Die Geschichte der Menschheit, wie wir sie in der Bibel finden, fing an, als Adam, weil er gesündigt hatte, aus dem Garten vertrieben wurde. Die Zeit, die er im Garten Eden lebte, zählt nicht dazu.

1) Adam, ein lebendiger Geist

Wenn man den ersten Menschen, Adam, versteht, kann man die Grundlagen des Menschen verstehen. Gott schuf ihn, als lebendigen Geist; er sollte die Menschheit begründen oder aufbauen. In 1. Mose 2,7 wird die Schaffung von Adam beschrieben: *„[D]a bildete Gott, der HERR, den Menschen, aus Staub vom Erdboden und hauchte in seine Nase Atem des Lebens; so wurde der Mensch eine lebende Seele.“*

Das Material, aus dem Gott Adam schuf war der Staub vom Erdboden. Der Grund dafür ist, dass der Mensch auf dieser Erde leben sollte (1. Mose 3,23).

Ein weiterer Grund dafür, dass Gott den Staub wählte, ist, dass sich dieser ändert, je nachdem, welche anderen Elemente ihm hinzugefügt werden.

Gott schuf nicht nur die äußere Gestalt des Menschen aus Staub, sondern auch seine inneren Organe, Knochen, Adern und Nerven. Ein ausgezeichneter Töpfer kann ein kostbares Porzellangefäß aus einer Handvoll Ton herstellen. Wie herrlich muss der Mensch, den Gott in Seinem Ebenbild schuf, gewesen sein!

Adam wurde mit reiner milchweißer Haut geschaffen. Er war stabil gebaut und sein Körper war perfekt – vom Scheitel bis zur Sohle, einschließlich aller seiner Organe und aller Zellen in seinem Leib. Er sah gut aus. Als Gott Adam den Odem des Lebens einhauchte, wurde dieser zu einem lebendigen Wesen, das heißt zu einem lebendigen Geist. Der Prozess kann mit einer guten Glühbirne verglichen werden, die nicht von allein leuchten kann. Sie kann nur dann hell erstrahlen, wenn sie mit einer Stromquelle verbunden ist. Erst nachdem Adam den Lebensodem Gottes empfangen hatte, fing sein Herz an zu schlagen. Sein Blutkreislauf, alle Organe und Zellen begannen ebenfalls zu arbeiten. Sein Gehirn funktionierte, seine Augen konnten sehen, seine Ohren hören und sein Leib begann, sich dahin zu bewegen, wo er hinwollte. Doch all dies geschah erst, nachdem ihm der Odem des Lebens eingehaucht worden.

Im Odem des Lebens kristallisiert sich die Macht Gottes. Man kann ihn auch als die Energie oder Kraft Gottes bezeichnen. Schließlich handelt es sich dabei um die Kraftquelle, aus der das weitere Leben entspringt. Nachdem Gott Adam den Odem des Lebens eingehaucht hatte, empfing Adam die Gestalt eines Geistes, der genauso aussah, wie sein Körper. Adams physischer Leib hatte eine Gestalt und sein Geist bekam auch eine. Sie sah so aus wie sein Leib. Mehr Einzelheiten über die Gestalt des Geistes werden in Band 2 dieses Buches erläutert.

Der Leib von Adam, der nun ein lebendiger Geist war, bestand aus Fleisch und Knochen, die unvergänglich waren. Der Leib beherbergte den Geist, der mit Gott kommunizierte und hatte eine Seele, die dem Geist helfen sollte. Seele und Leib behorchtem dem Leib; darum konnte er dem Wort Gottes gehorchen und mit Gott, der Geist ist, kommunizieren.

Als Adam geschaffen wurde, hatte er den Körper eines Erwachsenen, aber keinerlei Wissen. Genauso wie ein Kind nur durch Bildung einen guten Charakter entwickeln und ein produktives Mitglied der Gesellschaft werden kann, brauchte auch Adam echte Erkenntnis. Nachdem Gott ihn in den Garten Eden gesetzt hatte, lehrte Er ihn in der Wahrheit und gab ihm geistliche Erkenntnis. Er unterrichtete ihn über die Harmonie aller Dinge im Universum, die Gesetze des geistlichen Raums, das Wort der Wahrheit und das grenzenlose Wissen Gottes. Darum konnte Adam sich die Erde untertan machen und über alles herrschen.

Leben für eine unberechenbare Zeit

Adam herrschte als lebendiger Geist über den Garten Eden und die Erde als Herr über alle Geschöpfe und war mit geistlicher Erkenntnis und Weisheit ausgestattet. Gott dachte, es sei nicht gut für ihn, allein zu sein und so schuf Er eine Frau, Eva, aus einer von Adams Rippen. Gott schuf sie als eine passende Helferin und ließ beide ein Fleisch werden. Nun ist die Frage, wie lange sie im Garten Eden lebten.

Die Bibel teilt uns keine genaue Anzahl mit, aber sie lebten dort für einen unvorstellbaren Zeitraum. In 1. Mose 3,16 finden wir Folgendes geschrieben: *„Zu der Frau sprach er: Ich werde sehr vermehren die Mühsal deiner Schwangerschaft, mit Schmerzen sollst du Kinder gebären! Nach deinem Mann wird dein Verlangen sein, er aber wird über dich herrschen!“*

Da Eva sündigte, wurde ihr ein Fluch auferlegt, der mit vermehrter Mühsal in ihrer Schwangerschaft verbunden war. Das heißt mit anderen Worten, bevor sie verflucht wurde, hatte sie im Garten Eden Kinder bekommen, aber dabei nur minimale Schmerzen gehabt. Adam und Eva waren lebendige Geister, die nicht alt wurden. So lebten sie für eine sehr, sehr lange Zeit dort und vermehrten sich.

Viele Menschen denken, Adam hätte schon kurz, nachdem er geschaffen wurde, vom Baum der Erkenntnis des Guten und des Bösen gegessen. Manche stellen sogar die folgende Frage: „Da die Geschichte der Menschheit, wie sie in der Bibel beschrieben ist, nur 6 000 Jahre ausmacht, wie können wir dann Fossilien finden, die Hundert Tausende von Jahren alt sind?“

Die in der Bibel festgehaltene Geschichte der Menschheit begann zu der Zeit, als Adam vom Garten auf diese Erde vertrieben wurde, nachdem er gesündigt hatte. Das schließt aber die Zeit, die er im Garten Eden verbrachte, nicht ein. Während Adam im Garten lebte, bewegte sich die Erdkruste und es kam zu den damit verbundenen geographischen Veränderungen; es existierten bestimmte Wesen, die auch wieder ausstarben. Von einigen gibt es Fossilien. Aus diesem Grund finden wir Fossilien, bei denen man davon ausgeht, dass sie Millionen von Jahren alt sind.

2) Adam sündigte

Als Gott Adam in den Garten Eden brachte, verbot Er ihm eine Sache. Er sagte Adam, er dürfe nicht vom Baum der Erkenntnis des Guten und des Bösen essen. Doch nachdem viel Zeit vergangen war, aßen Adam und Eva schließlich davon. Daraufhin wurden sie aus dem Garten Eden auf die Erde vertreiben und ab jenem Zeitpunkt fing die Menschheitsgeschichte an.

Wie sündigte Adam? Es gab ein Wesen, dass es auf die mächtige Autorität, die Adam von Gott bekommen hatte, abgesehen hatte. Es war Luzifer, der Anführer aller bösen Geister. Er dachte, er bräuchte die Autorität Adams, um gegen Gott rebellieren und gewinnen zu können. Er schmiedete einen ausgeklügelten Plan und benutzte dafür eine listige Schlange.

In 1. Mose 3,1 steht geschrieben: „*Und die Schlange war listiger als alle Tiere des Feldes, die Gott, der HERR, gemacht hatte.*" Die Schlange war aus Lehm; List war eine ihrer Eigenschaften.

Die Wahrscheinlichkeit, dass sie Listigkeit akzeptieren würde, war größer als bei anderen Tieren. Ihre Eigenschaften wurden von bösen Geistern angeheizt und so wurde die Schlange zu dem Instrument, mit dem sie die Menschen in Versuchung führen würden.

Böse Geister führen Menschen ständig in Versuchung

Damals hatte Adam so viel Autorität, dass er sowohl über den Garten Eden als auch über die Erde herrschte. Damit war es für die Schlange nicht leicht, Adam direkt in Versuchung zu führen. So versuchte sie stattdessen Eva zuerst. Sie fragte sie listigerweise: *„Hat Gott wirklich gesagt: Von allen Bäumen des Gartens dürft ihr nicht essen?"* (Vers 1). Gott hatte Eva nie etwas befohlen. Der Befehl war an Adam ergangen. Doch die Schlange stellte die Frage, als ob Gott Eva den Befehl direkt erteilt hätte. Eva antwortete darauf: *„Von den Früchten der Bäume des Gartens essen wir; aber von den Früchten des Baumes, der in der Mitte des Gartens steht, hat Gott gesagt: Ihr sollt nicht davon essen und sollt sie nicht berühren, damit ihr nicht sterbt!"* (1. Mose 3,2-3).

Gott sagte: *„... [D]enn an dem Tag, da du davon isst, musst du sterben!"* (1. Mose 2,17). Dagegen sagte Eva: „[D]amit ihr nicht sterbt!" Vielleicht denken Sie, dies sei nur eine winziger Unterschied, aber diese Stelle beweist, dass Eva sich das Wort Gottes nicht richtig eingeprägt hatte. Es zeigt außerdem, dass sie Gottes Wort nicht gründlich genug glaubte. Als die Schlange sah, wie Eva Sein Wort veränderte, fing sie an, sie aggressiver in Versuchung zu führen.

In 1. Mose 3,4-5 steht: „*Da sagte die Schlange zur Frau: Keineswegs werdet ihr sterben! Sondern Gott weiß, dass an dem Tag, da ihr davon esst, eure Augen aufgetan werden und ihr sein werdet wie Gott, erkennend Gutes und Böses.*"

Als Satan die Schlange anstiftete, Eva ein Verlangen zu suggerieren, sah die Frau den Baum der Erkenntnis von Gut und Böse mit anderen Augen, denn es steht geschrieben, dass sie sah, „*dass der Baum gut zur Speise und dass er eine Lust für die Augen und dass der Baum begehrenswert war, Einsicht zu geben*" (Vers 6).

Eva hatte bis dahin nie die Absicht, entgegen dem Wort Gottes zu handeln, doch als sie sich dem Wunsch öffnete, dauerte es nicht mehr lange, bis sie von dem Baum aß. Sie gab es ihrem Ehemann Adam und auch er aß davon.

Adams und Evas Ausreden

In 1. Mose 3,11 fragte Gott Adam: „*Hast du etwa von dem Baum gegessen, von dem ich dir geboten habe, du solltest nicht davon essen?*"

Gott wusste über alles Bescheid. Er wollte, dass Adam seinen Fehler zugab und Buße tat. Doch Adam antwortet: „*Die Frau, die du mir zur Seite gegeben hast, sie gab mir von dem Baum, und ich aß*" (Vers 12). Adam deutete damit an, dass wenn Gott ihm die Frau nicht gegeben hätte, er so etwas nicht getan hätte.

Anstatt sein Vergehen zu bekennen, wollte er die Konsequenzen der Situation umgehen. Natürlich war Eva diejenige, die Adam die Frucht gegeben hatte, aber Adam hätte als Haupt der Frau die Verantwortung für das, was geschehen war, übernehmen müssen.

Dann fragte Gott die Frau in 1. Mose 3,13: *„Was hast du da getan!"* Selbst wenn Adam die Verantwortung übernommen hätte, wäre Eva dennoch nicht von der Sünde, die sie begannen hatte, freigestellt worden. Doch sie schob der Schlange die Schuld zu: *„Die Schlange hat mich getäuscht, da aß ich."* Und was geschah mit Adam und Eve, nachdem sie gesündigt hatten?

Adams Geist starb

In 1. Mose 2,17 steht: *„ … aber vom Baum der Erkenntnis des Guten und Bösen, davon darfst du nicht essen; denn an dem Tag, da du davon isst, musst du sterben!"*

Mit dem Wort „Sterben", das Gott hier erwähnt, ist nicht der physische, sondern der geistliche Tod gemeint. Wenn jemandes Geist stirbt, heißt das nicht, dass der Geist irgendwie ganz verschwindet. Es bedeutet, dass die Kommunikation mit Gott unterbrochen ist und nicht mehr funktioniert. Der Geist existiert noch, kann aber nicht mehr mit geistlichen Dingen von Gott versorgt werden. Damit ist die Situation praktisch so, als wäre man tot.

Als Adams und Evas Geist gestorben war, konnte Gott sie nicht im Garten Eden bleiben lassen, da es ein geistlicher Ort ist. In 1. Mose 3,22-23 heißt es: „*Und Gott, der HERR, sprach: Siehe, der Mensch ist geworden wie einer von uns, zu erkennen Gutes und Böses. Und nun, dass er nicht etwa seine Hand ausstrecke und auch noch von dem Baum des Lebens nehme und esse und ewig lebe! Und Gott, der HERR, schickte ihn aus dem Garten Eden hinaus, den Erdboden zu bebauen, von dem er genommen war.*"

Gott sagte: „[D]er Mensch ist geworden wie einer von uns", aber das heißt nicht, dass Adam tatsächlich wie Gott geworden war. Es bedeutet vielmehr, dass Adam bis dahin nur die Wahrheit kannte. Doch so wie Gott Wahrheit und Unwahrheit kannte, kannte Adam von da an auch beides. So war Adam, der einst ein lebendiger Geist gewesen war, fleischlich geworden war. Er hatte nun der Tatsache ins Auge zu sehen, dass er sterben würde. Er musste zur Erde zurückkehren, wo er von Gott geschaffen war. Ein fleischlicher Mensch kann nicht im geistlichen Raum leben. Außerdem hätte Adam für immer gelebt, wenn er auch noch vom Baum des Lebens gegessen hätte. Darum konnte Gott ihm nicht erlauben, im Garten Eden zu bleiben.

3) Die Rückkehr in den physischen Bereich

Nachdem Adam Gott gegenüber ungehorsam war und vom Baum der Erkenntnis von Gut und Böse gegessen hatte, war alles anders. Er wurde auf die Erde, sprich in den physischen Bereich, vertrieben und konnte nur noch im Schweiße seines Angesichts etwas ernten. Alles wurde verflucht und die Umwelt, die zur Zeit der Schöpfung so schön war, existierte nicht mehr in dieser Form.

In 1. Mose 3,17 steht: *„Und zu Adam sprach er: Weil du auf die Stimme deiner Frau gehört und gegessen hast von dem Baum, von dem ich dir geboten habe: Du sollst davon nicht essen! – so sei der Erdboden deinetwegen verflucht: Mit Mühsal sollst du davon essen alle Tage deines Lebens."*

In diesem Vers sieht man, dass aufgrund seiner Sünde, nicht nur er selbst, sondern alles auf der Erde, also der gesamte erste Himmel, verflucht wurde. Alles auf der Erde hatte bis dahin wunderschön harmoniert; doch dann trat ein anders physisches Gesetz in Kraft. Durch den Fluch gab es Bakterien und Viren; Tiere und Pflanzen veränderten sich ebenfalls.

In 1. Mose 3,18 sagte Gott weiterhin zu Adam: *„Dornen und Disteln wird er dir sprossen lassen."* Die Saat kann nicht gut wachsen, wenn es Disteln und Dornen gibt; darum konnte Adam nur im Schweiße seines Angesichts eine Ernte einfahren. Da der Boden verflucht war, wuchsen unnötige Bäume und Pflanzen. Plötzlich gab es schädliche Insekten. Von da an musste er die Schädlinge entfernen, um eine gute Ernte zu bekommen.

Die Notwendigkeit, Herzen zu kultivieren

So wie Adam das Land bebauen musste, musste nun auch der Mensch auf dieser Erde „kultiviert" werden. Bevor er sündigte, hatte der Mensch ein reines, unschuldiges Herz, in dem es nur geistliches Wissen gab. In 1. Mose 3,23 steht geschrieben: *„Und Gott, der HERR, schickte ihn aus dem Garten Eden hinaus, den Erdboden zu bebauen, von dem er genommen war."* In diesem Vers wird Adam mit dem Staub verglichen, aus dem er geschaffen worden war. Das bedeutet, dass er von da an auch sein Herz kultivieren musste.

Vor dem Sündenfall brauchte er sein Herz nicht zu kultivieren, weil er nichts Böses im Herzen hatte.

Doch nachdem der Mensch ungehorsam gewesen war, fing der Feind, Satan, an, ihn zu kontrollieren. Er streute immer mehr fleischliche Dinge in das Herz des Menschen, wie zum Beispiel Hass, Zorn, Ehebruch und so weiter. Durch diese Dinge wuchsen Dornen und Disteln in seinem Herzen und der Mensch wurde immer stärker vom Fleisch befleckt.

Den „Erdboden zu bebauen, von dem er genommen war", bedeutet, dass wir Jesus Christus annehmen müssen. Wir müssen das Wort Gottes benutzen, um das Fleischliche, das in unser Herz gesät wurde, wieder aus unserem Herzen zu verbannen. Wir müssen den geistlichen Status zurückerlangen. Sonst bleibt unser Geist tot und mit einem toten Geist können und werden wir das ewige Leben nicht genießen. Der Grund, warum Menschen auf der Erde leben, ist, dass unser fleischliches Herz kultiviert werden muss, damit das reine, geistliche Herz wiederhergestellt werden kann. Dieses Herz ist wie das, was Adam vor dem Sündenfall hatte.

Aus dem Garten Eden vertrieben zu werden und auf der Erde leben zu müssen, war für Adam eine dramatische Veränderung. Der Schmerz und die Konfusion waren schlimmer als das, was der Fürst eines Landes erleiden würde, wenn er plötzlich wie ein ärmlicher Bauer leben müsste. Von dem Zeitpunkt an musste Eva bei der Geburt ihrer Kinder große Schmerzen ertragen.

Solange sie im Garten Eden lebten, gab es keinen Tod. Doch weil sie von da an in der physischen Welt lebten, in der es Verderben gab, mussten sie auch mit der Tatsache leben, dass sie sterben würden. In 1. Mose 3,19 steht: *„Im Schweiße deines Angesichts wirst du dein Brot essen, bis du zurückkehrst zum Erdboden, denn von ihm bist du genommen. Denn Staub bist du, und zum Staub wirst du zurückkehren!"* Sie mussten sterben, so wie es geschrieben steht.

Natürlich kam der Geist Adams von Gott und kann so nie vollkommen aussterben. In 1. Mose 2,7 lesen wir: *„[D]a bildete Gott, der HERR, den Menschen, aus Staub vom Erdboden und hauchte in seine Nase Atem des Lebens; so wurde der Mensch eine lebende Seele."* Der Atem des Lebens ist ewig – so wie der Charakter Gottes.

Doch Adams Geist war nicht mehr aktiv. So begann die Seele, die Funktion als Herr und Meister des Mannes zu übernehmen und erlangte zugleich die Kontrolle über den Leib. Von dem Zeitpunkt begann Adam zu altern und musste am Ende sterben, gemäß der Gesetze, die in der natürlichen Welt gelten. Er musste wieder zu Staub werden.

Auch wenn die Erde damals verflucht war, herrschten die Sünde und das Böse noch nicht in dem Ausmaß wie heute. Nur so konnte Adam das Alter von 930 Jahren erreichen (1. Mose 5,5).

Im Laufe der Zeit wurden die Menschen aber immer böser. Das führte dazu, dass sich ihre Lebenserwartung verringerte. Nachdem sie aus dem Garten Eden auf die Erde herunterkamen, mussten sich Adam und Eva ihrer neuen Umgebung anpassen. Vor allem mussten sie als fleischliche Wesen leben, nicht mehr als lebendige Geister. Sie wurden nach der Arbeit müde und mussten sich deshalb ausruhen. Sie bekamen auch Krankheiten. Ihr Verdauungssystem veränderte sich, weil ihre Ernährung nun anders aussah. Sie hatten Stuhlgang nach dem Essen. Alles hatte sich verändert. Der Ungehorsam Adams war keinesfalls eine Kleinigkeit. Dadurch geriet die gesamte Menschheit unter die Macht der Sünde. Adam und Eva und alle ihre Nachkommen auf dieser Erde haben seither ihr physisches Leben mit einem toten Geist begonnen.

Kapitel 3

Der Mensch im physischen Raum

Das Fleisch ist die Natur, die mit der Sünde verbunden ist,
und darum neigt der Mensch dazu,
im natürlichen Bereich Sünden zu begehen.
Allerdings liegt im Innersten des Menschen
der von Gott geschenkte Same des Lebens,
und dieser Same des Lebens ermöglicht es,
Menschheitsgeschichte zu schreiben.

Adam und Eva bekamen auf dieser Erde viele Kinder. Obwohl ihr Geist tot war, verließ Gott sie nicht. Er brachte ihnen alles bei, was sie für das Leben auf der Erde wissen mussten. Adam unterwies seine Kinder in dieser Wahrheit, sodass sowohl Kain als auch Abel sehr genau wussten, wie sie Gott Opfer darzubringen hatten.

Im Laufe der Zeit brachte Kain Gott ein Opfer von den Früchten des Feldes, wohingegen Abel Gott ein Blutsopfer brachte, wie Er es sich wünschte. Als Gott nur das Opfer von Abel annahm, wurde Kain – anstatt sich seines Fehlers bewusst zu werden und Buße zu tun – so eifersüchtig, dass er Abel umbrachte.

Die Sünde nahm danach derart überhand, dass die Erde zu Zeiten Noahs von Gewalt erfüllt war und Gott die ganze Welt am Ende mit der Flut bestrafte. Allerdings ließ Er Noah und seine drei Söhne für die Menschheit einen Neuanfang machen. Was passierte mit der menschlichen Rasse auf der Erde?

1. Der Same des Lebens

Nachdem Adam gesündigt hatte, war seine Kommunikation mit Gott abgeschnitten. Er verlor geistliche Energie und bekam stattdessen fleischliche Kraft, die den Samen des Lebens in ihm überdeckte.

Gott hatte Adam vom Staub der Erde gebildet. Das hebräische Wort „Adama" bedeutet Boden oder Erde. Gott schuf die Gestalt des Menschen aus Ton und hauchte ihm den Lebensoden in die Nase.

Auch in Jesaja 64,7 lesen wir, dass der Mensch aus Ton gebildet wurde. Dort seht: *„Aber nun, HERR, du bist unser Vater. Wir sind der Ton, und du bist unser Bildner, und wir alle sind das Werk deiner Hände."*

Nicht lange, nachdem ich meine Gemeinde begonnen hatte, zeigte mir Gott in einer Vision, wie Er Adam selbst aus Ton geformt hatte. Das Material, dass Gott dafür benutzte war Erde, die Er mit Wasser mischte, sodass Ton daraus wurde. Hier bezieht sich das Wasser auf das Wort Gottes (Johannes 4,14). Als sich die Erde mit dem Wasser verband und der Odem des Lebens hineinkam, fing Blut an zu fließen (darin steckt das Leben) und so entstand ein menschliches Wesen (3. Mose 17,14).

Die Kraft Gottes steckt im Odem des Lebens. Da dieser von Gott kommt, kann er nie zu Ende gehen. In der Bibel steht nicht nur, dass Adam Mensch wurde. Es heißt, er wurde ein lebendiges Wesen, will heißen ein lebendiger Geist. Mit dem Odem des Lebens in sich hätte Adam ewig leben können, obwohl er vom Staub des Erdbodens gebildet worden war. So können wir die Bedeutung von Johannes 10,34-35 verstehen, wo es heißt: „*Jesus antwortete ihnen: Steht nicht in eurem Gesetz geschrieben: „Ich habe gesagt: Ihr seid Götter"? Wenn er jene Götter nannte, an die das Wort Gottes erging – und die Schrift kann nicht aufgelöst werden...*"

Gemäß dem, wie der Mensch am Anfang geschaffen worden war, hätte er für immer leben können, ohne je körperlich sterben zu müssen. Obwohl Adams Geist aufgrund seines Ungehorsams tot war, lag in seinem Innersten immer noch der Same des Lebens, den Gott in ihn hineingelegt hatte. Er ist ewig und durch ihn kann jeder als Kind Gottes wiedergeboren werden.

Der Same des Lebens, der jedem gegeben ist

Als Gott Adam schuf, pflanzte Er einen unauslöschlichen Samen in Ihn. Der Same des Lebens ist der ursprüngliche Same, den Gott in Adams Geist setzte; er ist der Kern seines Geistes, der Ursprung des Geistes und die Quelle der Kraft, um über Gott nachzusinnen und den menschlichen Pflichten nachzukommen.

Im sechsten Monat ihrer Schwangerschaft legt Gott den Samen des Lebens in den Geist eines Embryos. In diesem Samen des Lebens stecken das Herz und die Kraft Gottes, sodass der Mensch mit Gott kommunizieren kann. Die meisten Menschen, die die Existenz Gottes nicht anerkennen, haben entweder noch

Angst oder sind unsicher in Bezug auf das Leben nach dem Tod, aber sie können Gott im Innersten ihres Herzens nicht leugnen, weil der Same des Lebens dort tief liegt.

Die Pyramiden und andere Reliquien zeugen von der Vorstellung der Menschen über das ewige Leben und ihre Hoffnung auf eine ewige Ruhestätte. Selbst die mutigsten Männer fürchten sich vor dem Tod, denn der Same des Lebens in ihnen erkennt das kommende Leben.

Jeder Mensch hat den Samen des Lebens, den Gott ihm geschenkt hat und jeder sucht innerlich nach Gott (Prediger 3,11). Der Same des Lebens verhält sich wie das Herz des Menschen und ist daher direkt mit dem geistlichen Leben verbunden. Dank des Herzens zirkuliert Blut und versorgt den Körper mit Sauerstoff und Nährstoffen. Wenn also der Same des Lebens in einem Menschen aktiviert wurde, bekommt sein Geist Kraft und er kann mit Gott kommunizieren. Ist aber sein Geist tot, ist der Same des Lebens nicht aktiv. Solch ein Mensch kann nicht direkt mit Gott kommunizieren.

Der Same des Lebens ist der Kern des Geistes

Adam war erfüllt mit der Erkenntnis der Wahrheit, die Gott ihm beigebracht hatte. Der Same des Lebens war in ihm vollkommen aktiv. Adam war voller geistlicher Energie und so weise, dass er allen Lebewesen einen Namen geben und als

Der tote Geist	Der Same des Lebens ist vollkommen inaktiv, als wäre er in eine dicke Haut eingehüllt.
Der wiederbelebte Geist	Der Same des Lebens wird auferweckt und der tote Geist vom Heiligen Geist wiederbelebt, wenn jemand Jesus Christus annimmt.
Der wachsende Geist	Damit der Geist wachsen kann, nachdem der Same des Lebens erwacht ist, muss er mit geistlichen Wasser und Licht ernährt werden.
Geist – Der ganze Geist	Wenn jemand zu einem Mann des Geistes wird oder sich ganz und gar vom Geist leiten lässt, dann ist er nicht mehr im Fluss des Fleisches.

Herrscher über sie regieren konnte. Doch nachdem er gesündigt hatte, war seine Kommunikation mit Gott abgeschnitten. Auch seine geistliche Energie fing an, ihn zu verlassen. In seinem Herzen wurde sie durch fleischliche Kraft ersetzt, die auch den Samen des Lebens überdeckte. Ab jenem Zeitpunkt verlor der Same des Lebens langsam sein Licht und wurde schließlich vollkommen inaktiv.

So wie das Leben eines Menschen endet, wenn sein Herz nicht mehr schlägt, starb auch Adams Geist, als der Same des Lebens inaktiv wurde. Der Tod seines Geistes bedeutet, dass der Same des Lebens in ihm vollkommen aufhörte zu funktionieren. Dieser Same war also praktisch tot.

Seit dem Sündenfall Adams hat der Mensch den Tod nicht vermeiden können. Um das ewige Leben wiedererlangen zu können, musste das Problem der Sünde mit der Hilfe Gottes, der Licht ist, gelöst werden. Das heißt, der Mensch muss Jesus Christus annehmen und die Vergebung seiner Sünden empfangen. Um unseren Geist wiederzubeleben, starb Jesus am Kreuz, indem Er die Sünden der gesamten Menschheit auf sich nahm. Er wurde der Weg, die Wahrheit und das Leben, wodurch alle Menschen das ewige Leben erlangen können. Wenn wir Jesus als unseren persönlichen Retter annehmen, können unsere Sünden vergeben werden. Wir werden Kinder Gottes, indem wir den Heiligen Geist empfangen.

Der Heilige Geist aktiviert den Samen des Lebens in uns. Damit wird unser toter Geist in uns wiederbelebt. Ab dem Moment fängt der Same des Lebens, der sein Licht verloren hatte, wieder an zu scheinen. Natürlich kann er nicht in dem vollen Maße scheinen wie in Adam, aber die Intensität des Lichtes wird um so stärker, je mehr das Maß des Glaubens sich vermehrt und der Geist wächst und reif wird.

Je mehr der Same des Lebens mit dem Heiligen Geist erfüllt ist, desto stärker strahlt er Licht aus und desto stärker ist auch das

Licht, das aus dem geistlichen Leib kommt. In dem Maße, wie sich jemand mit der Erkenntnis der Wahrheit füllt, kann er das verlorene Ebenbild Gottes wiedererlangen und ein echtes Kind Gottes werden.

Der körperliche Same des Lebens

Neben dem geistlichen Samen des Lebens, der praktisch der Kern des Geistes ist, gibt es auch den körperlichen Samen des Lebens. Damit sind Sperma und Ei gemeint. Gott plante die Menschheitsgeschichte, um echte Kinder zu gewinnen, mit denen Er wahre Liebe teilen konnte. Um Seinen Plan ausführen zu können, gab Er den Menschen den Samen des Lebens, damit sie sich auf der Erde vermehren konnten. Der geistliche Raum, in dem Gott lebt, ist grenzenlos und es wäre sehr einsam und trostlos, niemand anderen in der Nähe zu haben. Darum schuf Gott Adam als lebendigen Geist und ließ ihn sich vermehren, eine Generation nach anderen, damit Er Kinder haben konnte.

Welche Art von Kind möchte Gott? Er möchte jemanden, dessen toter Geist wiederbelebt worden ist, der mit Ihm kommuniziert und Seine Liebe im Himmel für immer mit Ihm teilen kann. Um echte Kinder zu gewinnen, gibt Gott jedem den Samen des Lebens. Er leitet die Geschicke der Menschheit schon seit der Zeit Adams. David wusste um diese Liebe und diesen Plan und sagte: *„Ich preise dich darüber, dass ich auf eine erstaunliche, ausgezeichnete Weise gemacht bin. Wunderbar sind deine Werke, und meine Seele erkennt es sehr wohl"* (Psalm 139,14).

2. Wie der Mensch entstanden ist

Menschen kann man nicht klonen. Selbst wenn man das Äußerliche eines Menschen duplizieren könnte, wäre das kein Mensch, denn er hätte keinen Geist. Das geklonte Wesen würde sich von einem Tier nicht unterscheiden.

Neues Leben entsteht, wenn das Sperma eines Mannes sich mit dem Ei einer Frau vereint. Um sich voll zu einem Menschen entwickeln zu können, bleibt der Fötus neun Monate lang im Mutterleib. Wir erahnen die geheimnisvolle Kraft Gottes, wenn wir den Prozess von der Empfängnis bis zum Ende der Schwangerschaft verfolgen.

Im ersten Monat beginnt sich das Nervensystem zu entwickeln. Andere grundlegende Dinge passieren, sodass Blut, Knochen, Muskeln, Venen und die inneren Organe gebildet werden können. Im zweiten Monat fängt das Herz an zu schlagen und der Fötus beginnt, äußerlich die Gestalt eines Menschen anzunehmen. Zu dem Zeitpunkt kann man den Kopf und die Gliedmaßen schon erkennen. Im dritten Monat entsteht das Gesicht. Der Fötus kann seinen Kopf, Körper und die Gliedmaßen allein bewegen und auch die Geschlechtsteile entwickeln sich bereits.

Ab dem vierten Monat ist die Plazenta vollkommen entwickelt, sodass die Versorgung mit Nährstoffen zunimmt und der Fötus schnell an Größe und Gewicht zunimmt. Alle lebensnotwendigen Organe funktionieren bereits normal. Ab dem fünften Monat entwickeln sich die Muskeln und das Gehör, sodass der Fötus zu hören beginnt. Im sechsten Monat entwickelt sich das Verdauungssystem, wodurch sich das Wachstum noch mehr steigert. Im siebenten Monat fangen seine Haare an zu wachsen und durch die Entwicklung der Lungen beginnt er zu atmen.

Die Entwicklung der Geschlechtsorgane und des Gehörs sind im achten Monat abgeschlossen. Der Fötus kann dann auch schon auf Geräusche von außen reagieren. Im neunten Monat wird das Kopfhaar dichter und dünnes Haar am Rest des Körpers verschwindet. Die Gliedmaßen werden rundlich. Am Ende der neun Monate kommt ein Baby mit ungefähr 50 cm und 3,2 kg auf die Welt.

Der Fötus ist ein Leben, das Gott gehört

Angesichts der wissenschaftlichen Entwicklungen von heute haben die Menschen großes Interesse am Klonen von Lebewesen. Aber wie bereits erwähnt können Menschen nicht geklont werden, egal, wie große Fortschritte die Wissenschaft macht. Selbst wenn etwas geklont würde, dass äußerlich wie ein Mensch aussähe, hätte es keinen Geist und ohne Geist wäre das Wesen nichts anderes als ein Tier.

Wenn ein Mensch heranwächst, gibt es – anders als bei

Tieren – einen Punkt, an dem ihm ein Geist gegeben wird. Im sechsten Monat der Schwangerschaft hat der Fötus verschiedene Organe, ein Gesicht und Gliedmaßen. Er ist zu einem Gefäß geworden, das ausreicht, um einen Geist aufzunehmen. Zu diesem Zeitpunkt gibt Gott ihm den Samen des Lebens und einen Geist. In der Bibel gibt es eine Stelle, aus der sich dies schließen lässt. Es sind die Aufzeichnungen über einen sechs Monate alten Fötus und dessen Reaktion im Mutterleib.

In Lukas 1,41-44 heißt es: „*Und es geschah, als Elisabeth den Gruß der Maria hörte, hüpfte das Kind in ihrem Leib; und Elisabeth wurde mit Heiligem Geist erfüllt und rief mit lauter Stimme und sprach: Gesegnet bist du unter den Frauen, und gesegnet ist die Frucht deines Leibes! Und woher geschieht mir dies, dass die Mutter meines Herrn zu mir kommt? Denn siehe, als die Stimme deines Grußes in meine Ohren drang, hüpfte das Kind vor Freude in meinem Leib.*"

Die Jungfrau Maria hatte Jesus gerade in ihrem Mutterleib empfangen und war zu Elisabeth gereist, die Johannes den Täufer sechs Monate davor empfangen hatte. Im Leib seiner Mutter hüpfte Johannes der Täufer vor Freude, als die Jungfrau Maria kam. Er erkannte Jesus im Mutterleib Marias und wurde mit dem Heiligen Geist erfüllt. Ein Fötus ist nicht nur lebendig, sondern ein Lebewesen, das mit dem Geist erfüllt werden kann – ab dem sechsten Monat der Schwangerschaft. Ein Mensch ist ein Wesen, dass vom Augenblick der Empfängnis an Gott gehört. Gott allein herrscht souverän über dieses kostbare Leben. Darum dürfen wir Babys nicht abtreiben, wie wir wollen oder es für nötig befinden, selbst dann, wenn der Fötus noch keinen Geist hat.

Die neun Monate, in denen der Fötus im Mutterleib wächst, sind sehr wichtig. Er bekommt von der Mutter alles, was er zum Wachsen braucht. Darum muss sich die Mutter ausgewogen ernähren. Auch ihre Gefühle und Gedanken wirken sich auf die Bildung des Charakters, der Persönlichkeit und Intelligenz des Fötus aus. Babys von Müttern, die im Königreich Gottes dienen und eifrig beten, werden normalerweise mit einem sanften Charakter geboren und wachsen zu weisen, gesunden Menschen heran.

Die Souveränität über das Leben gehört Gott allein, aber Er mischt sich in die Empfängnis, Geburt und das Wachstum eines Menschen nicht ein. Die innere Natur wird bestimmt durch die Lebenskraft, die im Sperma und im Ei der Eltern steckt. Andere Charaktereigenschaften nimmt der Mensch sich an und sie entwickeln sich gemäß der Umwelt und anderer Einflüsse.

Gottes besonderes Eingreifen

Es gibt einige Fälle, bei denen Gott bei der Empfängnis und der Geburt eingreift. Das geschieht erstens, wenn die Eltern Gott mit ihrem Glauben gefallen und ernsthaft beten. Hanna, eine Frau, die zur Zeit der Richter lebte, führte ein Leben in Schmerz und Leid, denn sie konnte keine Kinder bekommen. Sie trat vor Gott und betete ernsthaft für ein Kind. Sie versprach Gott, dass wenn Er ihr einen Sohn gab, sie Ihm diesen weihen würde.

Gott erhörte ihr Gebet und segnete sie, sodass sie einen Sohn empfing. Gemäß ihrem Versprechen brachte sie ihren Sohn Samuel zum Priester, nachdem sie ihn entwöhnt hatte. Er sollte Gott sein ganzes Leben lang dienen. Von klein auf kommunizierte Samuel mit Gott und wurde später einer der großen Propheten Israels. Da Hanna ihr Versprechen eingelöst hatte, segnete Gott sie danach mit drei weiteren Söhnen und zwei Töchtern (1. Samuel 2,21).

Zweitens greift Gott in das Leben derer ein, die für Gott und Seine Vorsehung abgesondert worden sind. Um dies zu verstehen, müssen wir den Unterschied zwischen „auserwählt sein" und „abgesondert sein" kennen. Gott ist es, der diese Entscheidung trifft. Wenn Er einen bestimmten Rahmen schafft, wählt Er alle, die in diesen Rahmen fallen. Beispielsweise hat Gott den Rahmen der Errettung geschaffen und so rettet Er alle, die sich innerhalb dieses Rahmens bewegen. Diejenigen, die ihre Errettung empfangen, indem sie Jesus Christus annehmen und gemäß dem Wort Gottes leben, werden als Auserwählte bezeichnet.

Manche Menschen haben die falsche Vorstellung, dass Gott schon entschieden hat, wer gerettet wird und wer nicht. Sie sagen, wenn man den Herrn einmal angenommen hat, wirkt Gott so, dass man gerettet wird, egal ob man gemäß Seinem

Wort lebt oder nicht. Aber das stimmt nicht.

Alle, die sich aus freien Stücken für den Glauben entscheiden und in den Rahmen der Errettung hineintreten, empfangen die Errettung. Das heißt, sie sind alle von Gott auserwählt. Aber diejenigen, die sich nicht in den Rahmen der Errettung hineinbegeben, und diejenigen, die früher einmal darin waren, sich dann aber entfernt haben, indem sie mit der Welt Freundschaft schlossen und wissentlich und willentlich sündigen, können nicht gerettet werden, es sei denn, sie sagen ihren bösen Wegen ab.

Was heißt dann „abgesondert sein"? Gemeint ist, dass Gott, der alles weiß und seit Urzeiten geplant hat, jemanden wählt und alle Dinge in dessen Leben kontrolliert. Beispiele dafür sind Abraham, Jakob, der Vater aller Israeliten, und Mose, der das Volk beim Auszug aus Ägypten anführte. Sie alle waren von Gott abgesondert, um besondere Pflichten zu erfüllen, die Gott vorgesehen hatte.

Gott ist allwissend. Bei der Vorsehung für die Menschheit wusste Er, welche Art von Person zu welchem Zeitpunkt in der Weltgeschichte geboren werden würde. Um Seine Pläne zu erfüllen, wählt Er gewisse Menschen aus und lässt sie große Pflichten erfüllen. Bei denjenigen, die so abgesondert sind, greift Gott ab dem Zeitpunkt der Geburt ständig ein.

In Römer 1,1 steht: „*Paulus, Knecht Christi Jesu, berufener Apostel, ausgesondert für das Evangelium Gottes.*" Dort heißt es also, dass Paulus als Apostel für die Heiden zur Verbreitung des Evangeliums abgesondert worden war. Da er ein mutiges und unveränderliches Herz hatte, musste er als Abgesonderter unbeschreiblich Schlimmes erleiden. Er hatte auch die Pflicht und Verantwortung, einen Großteil des Neuen Testaments niederzuschreiben. Damit er diese Pflichten erfüllen konnte, ließ Gott ihn auch schon von Kindheit an Sein Wort studieren – und zwar unter Gamaliel, einem der besten Lehrer seiner Zeit.

Johannes der Täufer war ebenso für Gott ausgesondert. Gott griff schon bei seiner Empfängnis ein und ließ ihn von Kindesbeinen an ein Leben führen, dass sich von dem anderer Menschen unterschied. Er lebte allein in der Wüste und hatte keinen Kontakt mit der Außenwelt. Er trug ein Gewand aus Kamelhaar mit einem ledernen Gürtel um die Hüfte. Er ernährte sich von Heuschrecken und wildem Honig. Er bereitete er den Weg für Jesus vor.

Das war auch bei Mose der Fall. Gott griff bereits von Geburt an in sein Leben ein. Mose wurde zunächst im Nil ausgesetzt; dann aber von der Prinzessin gefunden und zu einem Prinz erzogen. Dennoch wurde er eigentlich von seiner eigenen Mutter großgezogen, sodass er Dinge über Gott und Sein Volk lernen konnte. Als ägyptischer Prinz eignete er sich außerdem weltliches Wissen an. Wie beschrieben ist mit dem Wort „abgesondert" gemeint, dass Gott das Leben einer Person souverän kontrolliert. Er weiß, was für eine Art Mensch zu welchem Zeitpunkt in der Geschichte der Menschheit geboren werden wird.

3. Das Gewissen

Ob ein Mensch nach Gott suchen und Seinem Schöpfer begegnen kann, ob er das Abbild Gottes wiedergewinnt und ein wertvolles Wesen wird, hängt ganz stark von seinem Gewissen ab.

Das Sperma und das Ei von Vater und Mutter enthalten deren Lebensenergie, die sie an ihre Kinder vererben. Das Gleiche gilt für das Gewissen. Es entscheidet über Gut und Böse. Wenn die Eltern ein gutes Leben geführt haben, wenn ihr Herz guter Ackerboden ist, dann ist die Wahrscheinlichkeit höher, dass die Kinder mit einem guten Gewissen geboren werden. Darum ist die Lebensenergie, die Kinder von ihren Eltern erben, der entscheidende Faktor für das Gewissen.

Doch selbst wenn sie mit der positiven Lebensenergie ihrer Eltern geboren wurden, ist es sehr wahrscheinlich, dass ihr Gewissen von bösen Dingen besudelt wird, wenn sie in einer ungünstigen Umgebung aufwachsen, viel Böses sehen und hören und in sich hinein lassen. Dagegen ist es sehr wahrscheinlich, dass diejenigen, die in einer günstigen Umgebung aufwachsen und Gutes sehen und hören, ein relativ gutes Gewissen haben werden.

Die Bildung des Gewissens

Die Art von jemandes Gewissen hängt davon ab, welche

Eltern er hat, in welcher Umgebung er aufwächst, was er hört, sieht und lernt und wie er sich bemüht, Gutes zu tun. Diejenigen, die gute Eltern haben, in einer positiven Umgebung aufwachsen und sich selbst kontrollieren, trachten gewöhnlich danach, Gutes zu tun – wie es ihnen ihr Gewissen vorschreibt. Ihnen fällt es leicht, das Evangelium anzunehmen und sich durch die Wahrheit verändern zu lassen.

Im Allgemeinen denken die Menschen wahrscheinlich, dass das Gewissen der gute Teil unseres Herzens ist, aber in Gottes Augen ist dem nicht so. Manche Menschen haben ein gutes Gewissen und neigen daher eher dazu, nach dem Guten zu trachten, während andere ein böses Gewissen haben und lieber dem, was ihnen nützt, folgen als der Wahrheit.

Manche werden sofort von ihrem Gewissen geplagt, wenn sie jemand anderem auch nur eine Kleinigkeit wegnehmen, während andere Menschen denken, es sei kein Diebstahl und daher nicht böse. Menschen beurteilen Gut und Böse unterschiedlich – je nachdem, in welcher Umgebung sie groß wurden und was ihnen beigebracht wurde.

Jeder beurteilt Gut und Böse gemäß seinem Gewissen. Aber das Gewissen der Menschen unterscheidet sich. Die Unterschiede sind groß und hängen von der Kultur und Region ab. So kann das Gewissen nie zum absoluten Standard für die Unterscheidung zwischen Gut und Böse gemacht werden. Der absolute Standard findet sich allein im Wort Gottes, denn es ist die Wahrheit.

Der Unterschied zwischen Herz und Gewissen

Im Römerbrief 7,21-24 lesen wir: *„Ich finde also das Gesetz, dass bei mir, der ich das Gute tun will, nur das Böse vorhanden ist. Denn ich habe nach dem inneren Menschen Wohlgefallen am Gesetz Gottes. Aber ich sehe ein anderes Gesetz in meinen Gliedern, das dem Gesetz meines Sinnes widerstreitet und mich in Gefangenschaft bringt unter das Gesetz der Sünde, das in meinen Gliedern ist. Ich elender Mensch! Wer wird mich retten von diesem Leibe des Todes?"*

Dieser Vers zeigt uns, woraus das Herz des Menschen besteht. Der Begriff „innerer Mensch" bezieht sich auf das wahrhaftige Herz, das man als weißes Herz bezeichnen kann, welches versucht, der Führung des Heiligen Geistes zu folgen. Dieser innere Mensch ist der Same des Lebens. Es gibt auch ein Gesetz der Sünde, praktisch das schwarze Herz, das aus der Unwahrheit besteht. Des Weiteren gibt es das Gesetz des Verstandes. Das ist das Gewissen. Es ist der Standard für die Beurteilung von Werten, die man selbst gebildet hat, eine Mischung aus dem weißen und dem schwarzen Herzen. Um das Gewissen verstehen zu können, müssen wir zunächst einmal das Herz verstehen.

Es gibt in verschiedenen Nachschlagewerken viele Definitionen für das Wort „Herz". Es beschreibt den emotionalen und moralischen Teil unserer Natur – im Unterschied zur intellektuellen Natur oder dem innerster Charakter, den innersten Gefühle oder Neigungen. Die geistliche Bedeutung des Herzens ist anders.

Als Gott den ersten Menschen, Adam, schuf, gab Er ihm den Samen des Lebens und einen Geist. Adam war wie ein leeres Gefäß und Gott legte das Wissen über den Geist, wie zum Beispiel Liebe, Güte und Wahrhaftigkeit, in ihn. Da Adam nur die Wahrheit beigebracht wurde, bestand der Same des Lebens aus seinem Geist und dem darin enthaltenen Wissen. Da er allein von der Wahrheit erfüllt war, war es nicht nötig, zwischen Geist und Herz zu unterschieden. Da es keine Unwahrheit gab, war ein Gewissen nicht nötig.

Doch nachdem Adam gesündigt hatte, war sein Geist nicht mehr mit seinem Herzen gleichzusetzen. Da die Kommunikation mit Gott unterbrochen war, begannen die Wahrheit und die Erkenntnis des Geistes, die sein Herz erfüllt hatten, abzufließen. Stattdessen kamen Unwahrheiten, wie Hass, Neid und Arroganz in sein Herz und bedeckten den Samen des Lebens. Bevor die Unwahrheit in sein Leben kam, brauchte Adam den Begriff „Herz" nicht zu verwenden. Sein Herz war der Geist selbst. Doch nachdem Unwahrheiten aufgrund von Sünde hereingekommen waren, starb sein Geist und seither benutzen wir den Begriff „Herz".

Nach Adams Sündenfall geriet das Herz in einen Zustand, in dem die Unwahrheit, statt der Wahrheit den Samen des Lebens bedeckte. Das bedeutet, der Same des Lebens wurde von der Seele bedeckt und nicht mehr vom Geist. Einfach ausgedrückt ist das Herz der Wahrheit das weiße Herz und das Herz der Unwahrheit ist das schwarze Herz. Alle Nachkommen Adams,

< Die Zusammensetzung des Herzens >

die nach seinem Sündenfall geboren wurden, haben ein Herz
der Wahrheit, ein Herz der Unwahrheit und ein Gewissen, dass
sie sich selbst zugelegt haben, indem sie die Wahrheit und die
Unwahrheit vermischt haben.

Die Natur bildet die Grundlage für das Gewissen

Der ursprüngliche Charakter von jemandes Herzen wird
als Natur bezeichnet. Unsere Natur ist nicht automatisch
vollkommen, nur weil wir sie geerbt haben. Sie ändert sich
auch, je nachdem, welche Dinge wir akzeptieren, wenn wir
heranwachsen. So wie sich der Charakter von Ackerboden ändert,
je nachdem, wie wir ihn düngen, so kann sich auch die Natur des

Menschen ändern, je nachdem, was er sieht, hört und fühlt.

Alle Nachkommen Adams, die auf dieser Erde geboren wurden, erben durch die Lebensenergie ihrer Eltern eine Natur, die eine Mischung aus Wahrheit und Unwahrheit ist. Selbst wenn wir mit einem guten Wesen geboren wurden, wird unser Charakter böse, wenn wir in einer ungünstigen Umgebung Böses akzeptieren. Wenn wir dagegen in einer guten Umgebung Gutes beigebracht bekommen, wird relativ wenig Böses in uns hineingepflanzt. Das Wesen eines jeden Menschen kann verändert werden, wenn man Unwahrheiten oder Wahrheiten hinzufügt.

Es ist leicht, das Gewissen zu verstehen, wenn wir zuvor das Wesen des Menschen begriffen haben, denn das Gewissen ist die Richtschnur, die auf dem Wesen aufbaut. Man nimmt gelerntes Wissen über Wahrheit und Unwahrheit innerlich an und bildet sich dann ein Urteil. Das ist das Gewissen. Darin befinden sich drei Dinge: das Herz der Wahrheit, das Böse in der Natur des Menschen und Selbstgerechtigkeit.

Die Sünde und das Böse in der Welt nehmen immer mehr zu und das Gewissen der Menschen wird immer böser. Sie erben verstärkt das böse Wesen ihrer Eltern und lassen zudem mehr Unwahrheiten in ihr Leben. Dieser Prozess geht von einer Generation zur nächsten weiter. Je mehr ihr Gewissen böse wird und abstumpft, desto schwieriger wird es für sie, das Evangelium zu glauben. Dagegen wird es für sie leichter, die Werke des Satans anzunehmen und Sünden zu begehen.

4. Die Werke des Fleisches

Wenn ein Mensch sündigt, hat das aufgrund der Gesetze im geistlichen Bereich Folgen. Gott übt Geduld, weil Er ihm die Chance einräumt, Buße zu tun und sich von seinen Sünden abzuwenden, aber wenn er die Grenze überschreitet, kommen Prüfungen und Bedrängnisse oder sogar Katastrophen.

Jeder Mensch wird mit einer sündigen Natur geborgen, denn Adam vererbte sein sündiges Wesen an seine Kinder durch die elterliche Lebensenergie. Bisweilen sehen wir, dass sogar Kleinkinder ihren Zorn und ihre Frustration durch übertrieben langes Schreien zeigen. Sollten wir einmal ein hungriges, schreiendes Baby nicht gleich stillen, schreit es so sehr, dass es ausschaut, als könnte es nicht einmal mehr atmen. Später weigert es sich dann, gestillt zu werden, weil es so zornig ist. Selbst Neugeborene verhalten sich so, weil sie ein hitziges Temperament, Hass und Neid von ihren Eltern geerbt haben. Der Grund dafür ist, dass alle Menschen im Herzen ein sündiges Wesen haben. Dies geht auf die Erbsünde zurück.

Der Mensch sündigt auch in jungen Jahren. So, wie Magneten Metall anziehen, akzeptieren diejenigen, die im natürlichen Bereich leben, immer wieder Dinge, die nicht der Wahrheit entsprechen. Außerdem begehen sie selbst Sünden. Diese können in Sünden des Herzens und tatsächlich begangene Sünden unterteilt werden. Sünden haben ein unterschiedliches

Maß und die tatsächlich begangenen Sünden werden definitiv gerichtet (1. Korinther 5,10). Diese Sünden werden als Werke des Fleische bezeichnet.

Das Fleisch und die Werke des Fleisches

In 1. Mose 6,3 heißt es: *„Da sprach der HERR: Mein Geist soll nicht ewig im Menschen bleiben, da er ja auch Fleisch ist. Seine Tage sollen 120 Jahre betragen."* Hier bezieht sich das Wort „Fleisch" auf den Körper. Es bedeutet, dass der Mensch ein fleischliches Wesen geworden war, von Sünde und dem Bösen besudelt. So ein fleischlicher Mensch kann mit Gott nicht in der Ewigkeit leben und daher nicht gerettet werden. Wenige Generationen nachdem Adam aus dem Garten Eden vertrieben worden war und auf der Erde leben musste, fingen seine Nachkommen an, die Werke des Fleisches zu tun.

Gott ließ Noah, den einzigen gerechten Mann damals, eine Arche bauen und die Menschen warnen, dass sie sich von ihren Sünden abwenden sollten. Doch keiner außer der Familie Noahs wollte in die Arche einsteigen. Gemäß dem geistlichen Gesetz, wonach der Lohn der Sünde der Tod ist (Römer 6,23), kamen zur Zeit Noahs alle anderen Menschen durch die Flut um.

Was ist die geistliche Bedeutung von Fleisch? Es bezieht sich auf das Wesen der Unwahrheit in jemandes Herzen, was durch Handlungen offenbar wird. Anders ausgedrückt werden Neid, Hitzigkeit, Hass, Besitzgier, ehebrecherische Gedanken,

Arroganz und alle anderen inneren Unwahrheiten im Menschen durch Gewalt, Fluchen, Ehebruch oder Mord offenbart. All diese Handlungen werden insgesamt als fleischlich bezeichnet und jede einzelne davon stellt ein Werk des Fleisches dar.

Dagegen werden die Sünden, die nicht tatsächlich begangen oder ausgelebt werden, sondern nur im Kopf und in den Gedanken stattfinden, als „Dinge des Fleisches" bezeichnet. Die Dinge des Fleisches können sich eines Tages als Werke des Fleisches manifestieren, wenn sie nicht aus dem Herzen vertrieben werden. Weitere Einzelheiten über das Fleisch werden in *Teil 2: Die Bildung der Seele* besprochen.

Wenn die Dinge des Fleisches einmal als Werke des Fleisches offenbar geworden sind, sprechen wir von Ungerechtigkeit und Gesetzlosigkeit. Solange das sündige Wesen nur im Herzen ist, wird es nicht als Ungerechtigkeit eingestuft. Einmal ausgelebt, wird es zu Ungerechtigkeit. Wenn wir diese Dinge des Fleisches und die Werke des Fleisches nicht ablegen und die entsprechenden Sünden weiterhin begehen, baut sich zwischen Gott und uns eine Wand der Sünde auf. Dann klagt Satan uns an, um uns in Prüfungen und Bedrängnis zu bringen. So passieren uns eventuell Unfälle, vor denen uns Gott nicht beschützen kann. Wir wissen nicht, was morgen passiert, wenn wir nicht im Schutz Gottes sind. Aus diesem Grund können auch unsere Gebete nicht erhört werden.

Offensichtliche Werke des Fleisches

Wenn das Böse in der Welt vorherrscht, dann sind sexuelle Unmoral und Sinnlichkeit die Sünden, die man am schnellsten erkennt. Sodom und Gomorra waren voller Ausschweifung und wurden durch Schwefel und Feuer zerstört. Wenn man sich die Überreste der Stadt Pompeji anschaut, zeugen sie von einer Gesellschaft, in der Ehebruch und Unmoral vorherrschten.

In Galater 5,19-21 werden die offensichtlichen Werke des Fleisches beschrieben.

Offenbar aber sind die Werke des Fleisches; es sind: Unzucht, Unreinheit, Ausschweifung, Götzendienst, Zauberei, Feindschaften, Streit, Eifersucht, Zornausbrüche, Selbstsüchteleien, Zwistigkeiten, Parteiungen, Neidereien, Trinkgelage, Völlereien und dergleichen. Von diesen sage ich euch im Voraus, so wie ich vorher sagte, dass die, die so etwas tun, das Reich Gottes nicht erben werden.

Auch heutzutage wuchern diese Werke des Fleisches auf der ganzen Welt aus. Lassen Sie mich Ihnen einige Beispiele für die Werke des Fleisches geben.

An erster Stelle steht sexuelle Unmoral. Sie kann körperlich und geistlich sein. Im körperlichen Sinne bezieht sie sich auf Ehebruch und Unzucht. Selbst die, die verlobt sind, bilden da keine Ausnahme. Heute wird Unzucht in Romanen, Filmen und Serien als schöne Liebe dargestellt, sodass die Menschen ihrer Sünde gegenüber unempfindlich geworden sind und ihre Urteilskraft geschwächt ist. Es gibt auch viel obszönes Material, das zur Unzucht ermutigt.

Daneben gibt es die geistliche Unmoral bei Gläubigen. Wenn jemand zu einem Wahrsager geht, ein Amulett trägt oder Glücksbringer oder Zauberei betreibt, ist das geistlicher Ehebruch (1. Korinther 10,21). Wenn Christen sich nicht auf Gott verlassen, der Leben und Tod, Segen und Fluch kontrolliert, sondern sich stattdessen an Götzen und Dämonen wenden, ist das geistlicher Ehebruch, was gleichzeitig einen Verrat an Gott darstellt.

Zweitens folgt Unreinheit auf die Lust. Menschen tun viele ungerechte Dinge, wenn ihr Leben voller ehebrecherischer Worte und Handlungen ist. Das geht über das gewöhnliche Niveau an sexueller Unmoral hinaus und schließt beispielsweise Verkehr mit Tieren, Gruppensex und Homosexualität ein (3. Mose 18,22-30). Je häufiger diese Sünden vorkommen, desto unsensibler werden die Menschen gegenüber ehebrecherischen Dingen.

Das ist Ungehorsam und damit stellen sich die Menschen gegen Gott (Römer 1,26-27). Derlei Sünden bringen die Menschen um die Errettung (1. Korinther 6,9-10). Sie sind in Gottes Augen abscheulich (5. Mose 13,18). Operationen zur Geschlechtsumwandlung sind ein Gräuel vor Gott genauso wie wenn Männer Frauenkleider oder Frauen Männerkleidung tragen (5. Mose 22,5).

Drittens verabscheut Gott den Götzendienst. Es gibt physischen und geistlichen Götzendienst.

Es ist physischer Götzendienst, wenn jemand Abbildern aus Holz, Stein oder Metall dient und sie anbetet, anstatt nach Gott dem Schöpfer zu trachten (2. Mose 20,4-5). Schlimmer Götzendienst löst Flüche für drei oder vier Generationen aus. Bei Familien, die viel Götzendienst üben, kann man sehen, wie der Feind, der Teufel, Prüfungen und Drangsal verursacht, sodass bestimmte Probleme in diesen Familien nicht aufhören. Das gilt besonders, wenn viele Familienmitglieder von Dämonen besessen sind, wenn Geisteskrankheiten vorkommen oder wenn sie alkoholabhängig sind. Wird jemand in solch eine Familie hineingeboren, wird er vom Feind, das heißt von Satan, selbst dann geplagt, wenn er wiedergeboren wurde. So jemandem fällt es schwer, ein Leben im Glauben zu führen.

Um geistlichen Götzendienst handelt es sich, wenn ein Gläubiger etwas mehr liebt als Gott. Wenn er gegen den Tag des Herrn verstößt und sich stattdessen Filme, Serien oder Sportereignisse ansieht oder seinem Hobby nachgeht oder wenn ein Christ seine Glaubenspflichten wegen einer Freundin oder einem Freund vernachlässigt, ist das ebenso geistlicher Götzendienst. Daneben gelten andere Dinge als Götze, wenn jemand sie mehr liebt als Gott. Das schließt die Familie, Kinder, weltliche Unterhaltung, Luxusgüter, Autorität, Ruhm, Habgier und Wissen ein.

Viertens: Zauberei ist das Nutzen von Kräften, die jemand von bösen Geistern bekommen hat und zum Beispiel für Wahrsagerei einsetzt, weswegen er wiederum von den bösen Geistern kontrolliert wird.

Es ist nicht recht, dass jemand, der an Gott glaubt, zu einem Wahrsager geht. Sogar Ungläubige laden große Katastrophen in ihr Leben ein, wenn sie Magie betreiben, denn Zauberei öffnet bösen Geistern die Tür.

Wenn Sie Zauberei betreiben, um Probleme loszuwerden, werden diese nur noch schlimmer. Direkt nach dem Zaubern verhalten sich die bösen Geister zunächst eine Zeit lang ruhig, doch bald danach bereiten sie der Person viel größere Schwierigkeiten, um noch mehr angebetet zu werden. Manchmal scheint es so, als würden sie über Künftiges reden. Doch böse Geister kennen die Zukunft nicht. Sie sind einfach geistliche Wesen. Sie kennen das Herz von fleischlichen Menschen, sodass sie Menschen betrügen können, damit diese glauben, ihnen würde etwas über die Zukunft verraten. Ziel ist es aber, dass sie die Dämonen anbeten. Mit Zauberei können auch Pläne geschmiedet werden, um andere Menschen zu betrügen. Darum sollten wir damit sehr vorsichtig sein. Wenn Sie jemanden durch einen Trick in eine Grube locken, ist das ein offensichtliches Werk des Fleisches. Auf diese Weise können Sie selbst in Ihrem eigenen Leben Zerstörung herbeiführen.

Fünftens: Feindschaft ist aktiv und beruht typischerweise auf gegenseitigem Hass oder Groll. Das bedeutet, man will, dass andere zerstört werden und verursacht dies dann auch. Diejenigen, die Feindschaften hegen, hassen andere Menschen und haben ihnen gegenüber böse Gefühle – nur, weil sie die andere Person nicht mögen. Wenn das Ausmaß an Hass sehr groß ist, können sie explodieren, anderen Menschen übel nachreden oder böse Pläne aushecken.

Sechstens: Streit ist ein bitterer, manchmal gewaltsamer Konflikt oder eine Auseinandersetzung. Damit sollen in der Gemeinde verschiedene Gruppen gebildet werden, nur weil manche Menschen eine andere Meinung vertreten. Sie sprechen schlecht über andere Leute, verurteilen und verdammen sie. So wird die Gemeinde in viele Gruppen aufgespalten.

Siebentens: Zwietracht bedeutet eine Trennung in Gruppen, die ihren eigenen Vorstellungen nachgehen. Selbst in Familien gibt es Spaltungen und diese kann es auch in Gemeinden geben. Davids Sohn Absalom verriet und trennte seine Familie von seinem Vater und jagte seinen eigenen Wünschen nach. Er rebellierte gegen seinen Vater, um König zu werden. So jemanden verlässt Gott. Absalom starb am Ende einen unsäglichen Tod.

Achtens: Abspaltungen. Wenn es Abspaltungen gibt, kann das zu Irrlehren führen. In 2. Petrus 2,1 heißt es: *„Es waren aber auch falsche Propheten unter dem Volk, wie auch unter* *euch falsche Lehrer sein werden, die Verderben bringende Parteiungen heimlich einführen werden, indem sie auch den Gebieter, der sie erkauft hat, verleugnen. Die ziehen sich selbst schnelles Verderben zu."* Irrlehrer leugnen Jesus Christus (1. Johannes 2,22-23; 4,2-3). Sie sagen, sie glauben an Gott, doch sie leugnen die Dreieinigkeit oder Jesus Christus, der uns mit Seinem Blut erkauft hat. So ziehen sie sich selbst schnelles Verderben zu. Die Bibel zeigt uns deutlich, Irrlehrer sind diejenigen, die Jesus Christus leugnen. Darum sollten wir die, die den dreieinigen Gott und Jesus Christus akzeptieren, nicht unvorsichtig verurteilen.

Neuntens: Neid entsteht, wenn Eifersucht sich zu Handlungen entwickelt, die ernst zu nehmen sind. Neid bedeutet, sich unwohl zu fühlen, sich von anderen zu distanzieren und es zu hassen, wenn es anderen scheinbar besser geht, als einem selbst. Wenn dieser Neid sich weiterentwickelt, kann er in vielerlei Handlungen ausgedrückt werden und anderen Menschen Schaden zufügen. Saul war auf David, der zu seinen eigenen Leuten zählte, eifersüchtig, weil David beim Volk beliebter war, als er selbst. Saul setzte sogar seine Armee ein, um David zu töten und zerstörte die Priester und die Bewohner der Stadt, die David versteckt hatten.

Zehntens: Trinkgelage. Noah beging einen Fehler, nachdem er nach der Flut Wein trank. Das Ergebnis war schrecklich. Er verfluchte seinen zweitgeborenen Sohn Ham, der seinen Fehler bekannt machte.

In Epheser 5,18 steht geschrieben: „*Und berauscht euch nicht mit Wein, worin Ausschweifung ist, sondern werdet voller Geist.*" Manche sagen, vielleicht ist ein Glas okay. Aber es ist dennoch Sünde, egal, ob es ein oder zwei Gläser sind. Sie trinken Alkohol, um sich zu berauschen. Außerdem begehen Betrunkene viele Sünden, denn sie können sich unter Alkoholeinfluss nicht mehr kontrollieren.

In der Bibel lesen wir etwas übers Weintrinken, weil Wasser in Israel so knapp bemessen ist. So erlaubte Gott ihnen, statt Wasser Wein zu trinken, also reinen Traubensaft oder stärkere Rauschgetränke, die aus Früchten mit mehr Zuckergehalt hergestellt wurden (5. Mose 14,26). Aber Gott gestattete ihnen nicht, Alkohol zu trinken (3. Mose 10,9; 4. Mose 6,3; Sprüche 23,31; Jeremia 35,6; Daniel 1,8; Lukas 1,15; Römer 14,21). Gott erlaubte Wein nur bei ganz besonderen Anlässen. Aber obwohl es sich lediglich um den Saft von Früchten handelte, waren die Leute berauscht, wenn sie zu viel tranken. Ja, das Volk Israel trank Wein statt Wasser, aber nicht, um sich zu berauschen oder um Spaß zu haben.

Und schließlich „Völlereien", das heißt ohne Selbstbeherrschung Alkohol trinken, sich Frauen nehmen, spielen und anderen lüsternen Dinge nachzugehen. Leute, die so leben, können ihren normalen Pflichten als Menschen gar nicht nachkommen. Wenn jemand keine Selbstkontrolle hat, ist das auch eine Art Völlerei. Wenn er einen exzessiven, schamlosen Lebenswandel hat oder prasst, wie er Lust und Laune hat, ist das Völlerei. Wenn Sie ein solches Leben auch dann noch führen, nachdem Sie den Herrn Jesus angenommen haben, können Sie Ihr Herz Gott nicht geben, die Sünde nicht ablegen und somit auch das Königreich Gottes nicht erben.

Was bedeutet es, das Königreich Gottes nicht zu erben?

Bisher haben wir uns die offensichtlichen Werke des Fleisches angeschaut. Was ist nun der eigentliche Grund dafür, dass Menschen die Werke des Fleisches tun? Der Grund ist, dass sie Gott den Schöpfer nicht in ihr Herz lassen wollen. Dies wird in Römer 1,28-32 beschrieben: *„Und wie sie es nicht für gut fanden, Gott in der Erkenntnis festzuhalten, hat Gott sie dahingegeben in einen verworfenen Sinn, zu tun, was sich nicht ziemt: erfüllt mit aller Ungerechtigkeit, Bosheit, Habsucht, Schlechtigkeit, voll von Neid, Mord, Streit, List, Tücke; Verbreiter übler Nachrede, Verleumder, Gotteshasser, Gewalttäter, Hochmütige, Prahler, Erfinder böser Dinge, den Eltern Ungehorsame, Unverständige, Treulose, ohne natürliche Liebe, Unbarmherzige. Obwohl sie Gottes Rechtsforderung erkennen, dass die, die so etwas tun, des Todes würdig sind, üben sie es nicht allein aus, sondern haben auch Wohlgefallen an denen, die es tun.“*
Da steht also im Grunde genommen, dass sie das Königreich

Gottes nicht erben werden, wenn sie die offensichtlichen Werke des Fleisches tun. Das heißt natürlich nicht, dass sie nicht gerettet werden können, nur weil sie wegen ihres schwachen Glaubens ein paar Mal gesündigt haben.

Es stimmt nicht, dass neue Gläubige, die die Wahrheit noch nicht sehr gut kennen, oder diejenigen, deren Glauben schwach ist, nicht errettet werden, nur weil sie die Werke des Fleisches noch nicht abgeworfen haben. Jeder Mensch sündigt, bis er im Glauben reif wird. Seine Sünden können ihm vergeben werden, wenn er sich auf das Blut des Herrn verlässt. Doch wenn er weiterhin die Werke des Fleisches tut, ohne sich von ihnen abzuwenden, kann er die Errettung nicht empfangen.

Die Sünde, die zum Tod führt

In 1. Johannes 5,16-17 heißt es: *„Wenn jemand seinen Bruder sündigen sieht, eine Sünde nicht zum Tod, soll er bitten, und er wird ihm das Leben geben, denen, die nicht zum Tod sündigen. Es gibt Sünde zum Tod; nicht im Hinblick auf sie sage ich, dass er bitten solle. Jede Ungerechtigkeit ist Sünde; und es gibt Sünde, die nicht zum Tod ist. "* Wir sehen hier also in der Schrift, dass es Sünden gibt, die zum Tod führen, und solche, die nicht zum Tod führen.

Welche Sünden führen zum Tod und berauben Menschen um das Recht, das Königreich Gottes zu erben?

Im Hebräerbrief 10,26-27 steht: „*Denn wenn wir mutwillig sündigen, nachdem wir die Erkenntnis der Wahrheit empfangen haben, bleibt kein Schlachtopfer für Sünden mehr übrig, sondern ein furchtbares Erwarten des Gerichts und der Eifer eines Feuers, das die Widersacher verzehren wird.*" Wenn jemand weiter sündigt, obwohl er weiß, dass es Sünde ist, stellt er sich damit gegen Gott. Solchen Menschen schenkt Gott den Geist der Buße nicht.

Weiter heißt es in Hebräer 6,4-6: „*Denn es ist unmöglich, diejenigen, die einmal erleuchtet worden sind und die himmlische Gabe geschmeckt haben und des Heiligen Geistes teilhaftig geworden sind und das gute Wort Gottes und die Kräfte des zukünftigen Zeitalters geschmeckt haben und doch abgefallen sind, wieder zur Buße zu erneuern, da sie für sich den Sohn Gottes wieder kreuzigen und dem Spott aussetzen.*" Wenn Sie sich gegen Gott stellen, nachdem Sie die Wahrheit gehört und die Werke des Heiligen Geistes erlebt haben, bekommen Sie keinen Geist der Buße und können somit nicht gerettet werden.

Wenn jemand die Werke des Heiligen Geistes als Werke des Teufels oder als Irrlehre verurteilt, kann er auch nicht gerettet werden, denn das ist Gotteslästerung und ein Lästern des Heiligen Geistes (Matthäus 12,31-32).

Uns muss klar sein, dass es Sünden gibt, die nicht vergeben werden können und wir dürfen solche Sünden nie begehen.

Auch können sich kleine Sünden in schlimme verwandeln, wenn sie angehäuft werden. Darum müssen wir uns alle Zeit in der Wahrheit bewegen.

5. Die Kultivierung des Menschen

Mit der „menschlichen Kultur", der „Kultivierung des Menschen" beziehungsweise der „Menschheitsgeschichte" meine ich alle Prozesse, durch die Gott den Menschen auf Erden geschaffen hat und durch die Er die Geschicke der Menschheit bis zum jüngsten Gericht lenkt, um echte Kinder zu bekommen.

Kultivieren beschreibt landwirtschaftlich gesehen den Prozess, in dessen Rahmen ein Bauer Samen sät und, nachdem er sich um seine Früchte gekümmert hat, die Ernte einträgt. Auch Gott säte einen ersten Samen, Adam und Eva, auf dieser Erde, um echte Kinder zu „ernten". Solange sie auf dieser Welt sind, kümmert Er sich um sie. Bis zum heutigen Tag lenkt Er die Geschicke der Menschheit. Er wusste, dass der Mensch durch seinen Ungehorsam korrupt werden würde und dass er Ihn betrüben würde. Dennoch kümmert Er sich bis zum Ende um den Menschen, denn Er weiß, dass es wahre Kinder geben wird, die das Herz Gottes haben und die das Böse ablegen – und zwar dank ihrer Liebe zu Gott.

Der Mensch wurde vom Staub der Erde geformt, sodass alle Menschen die Eigenschaften von Staub haben. Wenn man Samen auf einen Acker sät, geht er auf, wächst und bringt Frucht. Wir sehen also, dass im Erdboden die Kraft steckt, neues Leben zu produzieren. Die Eigenschaften des Bodens ändern sich, je nachdem, was man ihm beifügt. Das Gleiche gilt für den Menschen. Diejenigen, die oft zornig werden, ernten innerlich, aber auch aus sich selbst heraus mehr Zorn. Diejenigen, die oft lügen, werden innerlich und aus sich selbst heraus mehr Falschheit ernten. Nachdem Adam gesündigt hatte, wurden er und seine Nachkommen fleischlich gesinnte Menschen. Das bedeutete, dass sie immer schneller und stärker von Unwahrheiten befleckt wurden.

Darum muss der Mensch sein Herz bearbeiten. Er muss sein Herz und seinen Geist durch die sogenannte menschliche Kultivierung wiedererlangen; schließlich sind die Menschen nur auf der Erde, damit sie ihr Herz bearbeiten und dadurch ein so wahres Herz wieder bekommen wie Adam es vor dem Sündenfall hatte. Gott hat uns Gleichnisse gegeben, die sich mit der Kultivierung befassen, damit wir Seinen Plan für die Menschheitsgeschichte (das heißt für die Kultivierung des Menschen) verstehen können (Matthäus 13; Markus 4; Lukas 8).

In Matthäus 13 vergleicht Jesus das Herz des Menschen mit vier Dingen: einem Weg, einem steinigen, einem dornigen und einem guten Acker. Wir sollten schauen, welche Art von Boden wir haben und ihn beackern, damit er zu dem guten Boden wird, den Gott sich wünscht.

Vier verschiedene Arten von Boden im Herzen

Erstens: Der Weg symbolisiert den verhärteten Boden, auf

dem Leute schon seit langem gehen. Es handelt sich nicht einmal mehr um Ackerland, sodass dort auch kein Samen mehr aufgeht. Hier gibt es kein Leben.

Im geistlichen Sinne bezieht sich der Wegesrand auf Herzen, die das Evangelium gar nicht annehmen. Das Ego und der Stolz dieser Menschen haben ihr Herz so verhärtet, dass der Same des Evangeliums nicht eindringen kann. Zu Jesu Lebzeiten hielten die jüdischen Leiter äußerst stur an ihrer Meinung und ihren Traditionen fest -so sehr, dass sie Jesus und die gute Botschaft ablehnten. Heute öffnen die Menschen mit Herzen, die so hart wie der Wegesrand sind, ihren Verstand nicht und lehnen das Evangelium ab, wenn man ihnen die Kraft Gottes zeigt.

Der Wegesrand ist sehr hart und der Samen kann nicht in den verhärteten Boden gelangen. So kommen die Vögel und fressen ihn. Hier ist mit den Vögeln Satan gemeint. Er nimmt den Menschen das Wort Gottes weg und so können sie den Glauben nicht erlangen. Sie kommen, weil sie von anderen Leuten mächtig gedrängt werden, zwar in die Gemeinde, aber sie glauben das gepredigte Wort Gottes nicht. Stattdessen verurteilen sie den Prediger oder die Botschaft auf der Grundlage ihrer eigenen Vorstellungen. Diejenigen, deren Herzen verhärtet sind und die ihren Sinn nicht öffnen, können die Errettung nicht erlangen, weil der Same des Wortes keine Frucht tragen kann.

Zweitens: Der steinige Acker ist etwas besser als der am Wegesrand (denn so jemand will das Wort gar nicht annehmen). Derjenige, dessen Herzensacker steinig ist, versteht das Wort, wenn er es hört. Wenn Sie Samen auf steinigem Boten aussäen, geht der zwar gleich auf, aber er kann nicht wachsen. In Markus 4,5-6 heißt es: „*Und anderes fiel auf das Steinige, wo es nicht viel Erde hatte; und es ging sogleich auf, weil es nicht tiefe Erde hatte. Und als die Sonne aufging, wurde es verbrannt, und weil es keine Wurzel hatte, verdorrte es.*"

Diejenigen, deren Herz wie felsiger Boden ist, verstehen das Wort Gottes, aber sie nehmen es im Glauben nicht an. In Markus 4,17 steht: „*[U]nd sie haben keine Wurzel in sich, sondern sind Menschen des Augenblicks; wenn nachher Bedrängnis oder Verfolgung um des Wortes willen entsteht, ärgern* sie sich sogleich...*" Das „Wort" bezieht sich auf das Wort Gottes, in dem es heißt, dass wir den Sabbat einhalten, unseren ganzen Zehnten geben, keinen Götzen dienen, anderen dienen und uns demütigen sollen. Wenn sie das Wort Gottes hören, denken sie, dass sie Sein Wort einhalten werden, doch bei Schwierigkeiten können sie ihren eigenen Beschluss nicht umsetzen. Sie freuen sich, wenn sie die Gnade Gottes empfangen, aber wenn es schwer wird, ändert sich ihre Einstellung gleich. Sie haben das Wort gehört und kennen es, aber sie haben nicht die Kraft, es in die Tat umzusetzen, denn Sein Wort wurde in ihrem Herzen nicht im festen Glauben kultiviert.

Drittens: Diejenigen, deren Herz wie ein dorniges Feld ist, verstehen das Wort Gottes und fangen an, es zu praktizieren.

---

* oder: ... fallen sie ab.

Aber sie schaffen dies nicht im vollen Maße und so gibt es keine schöne Frucht. In Markus 4,19 heißt es: *„[U]nd die Sorgen der Zeit und der Betrug des Reichtums und die Begierden nach den übrigen Dingen kommen hinein und ersticken das Wort, und es bringt keine Frucht.“*

Diejenigen, deren Herz so beschaffen ist, scheinen gute Gläubige zu sein, die das Wort Gottes praktizieren, aber sie erleben immer noch Prüfungen und Bedrängnis und ihr geistliches Wachstum ist langsam. Sie erleben das echte Wirken Gottes nicht, weil sie sich von den Sorgen der Welt, dem Betrug des Reichtums und den Begierden nach den übrigen Dingen täuschen lassen. Nehmen wir einmal an, jemandes Unternehmen ginge bankrott und er müsste vielleicht sogar ins Gefängnis. Wenn es die Situation erlaubt, dass er seine Schulden mit etwas Hilfe zurückzahlt und der Satan ihn damit versuchen würde, würde er sich wahrscheinlich in Versuchung führen lassen. Doch Gott kann ihm nur helfen, wenn er gerecht wandelt, egal, wie schwer es sein mag. Doch so ein Mensch würde der Versuchung nachgeben.

Selbst wenn jemand willig ist, dem Wort Gottes zu gehorchen, kann er nicht wirklich im Glauben gehorsam sein, wenn sein Sinn von menschlichem Denken beeinflusst ist. Er betet, dass er alles in Gottes Hand legen kann; doch dabei zieht er zunächst einmal seine eigenen Erfahrungen und Theorien zu Rate. Seine eigenen Pläne stehen an erster Stelle. Darum läuft es nicht wirklich gut, auch wenn es zunächst anders aussehen mag. In Jakobus 1,8 werden solche Menschen als wankelmütig bezeichnet.

Solange es nur ein paar Dornen sind, schadet das scheinbar nicht. Doch wenn sie wachsen, sieht die Situation ganz anders aus. Sie wachsen zu einem Busch heran und hindern den guten Samen am Gedeihen. Wenn es irgendetwas gibt, was uns daran hindert, dem Wort Gottes zu gehorchen, müssen wir das sofort entfernen, auch wenn es trivial erscheint.

Viertens: Der gute Acker ist fruchtbar und vom Bauern gut durchgepflügt worden. Der harte Boden wurde gut gepflügt, Steine und Dornen wurden entfernt. Das bedeutet, man lässt Dinge, die Gott verbietet und legt die Sachen ab, die wir von Gott aus ablegen sollen. Es gibt keine Steine oder andere Hürden und wenn das Wort Gottes auf diesen Boden fällt, trägt es 30-, 60- oder 100-fach von dem Frucht, was gesät wurde. Solche Leute erleben Gebetserhörungen.

Um zu prüfen, wie intensiv wir den guten Boden in unserem Herzen bearbeitet haben, schauen wir uns an, wie genau wir das Wort Gottes in die Praxis umsetzen. Je mehr guten Boden man bearbeitet hat, desto einfacher ist es, nach dem Wort Gottes zu leben. Manche Menschen kennen Sein Wort zwar, aber sie können es nicht in die Praxis umsetzen – aus Übermüdung oder Faulheit, wegen unwahrer Gedanken oder aufgrund von Gelüsten. Diejenigen mit guten Boden im Herzen haben mit solchen Hindernissen nicht zu kämpfen. Sie verstehen das Wort Gottes und sobald sie es hören, setzen sie es in die Tat um. Wenn ihnen klar wird, dass etwas dem Willen Gottes entspricht und es

Ihm gefällt, tun sie es einfach.

Wenn Sie Ihr Herz bearbeiten, fangen Sie an, die zu mögen, die Sie früher gehasst haben. Jetzt können Sie denen vergeben, denen Sie früher nicht vergeben haben. Neid und Richten verwandeln sich in Liebe und Barmherzigkeit. Hochmut wird in Demut und Dienen verwandelt. Wenn jemand das Böse ablegt, um sein Herz zu beschneiden, kultiviert er damit den Boden seines Herzens und macht ihn zu gutem Boden. Wenn dann der Same von Gottes Wort auf solch ein Herz mit gutem Boden fällt, sprießt er auf und wächst und gedeiht schnell. Er bringt die neun Früchte des Heiligen Geistes und des Lichts reichlich hervor.

Wenn Sie Ihr Herz in guten Boden verwandeln, können Sie geistlichen Glauben von oben empfangen. Sie können auch eifrig beten, um die Kraft Gottes von oben zu empfangen, die Stimme des Heiligen Geistes klar und deutlich zu hören und den Willen Gottes zu erfüllen. So jemand ist wie die Frucht, die Gott gerne haben möchte.

Der Charakter des Gefäßes: Der Acker des Herzens

Ein wichtiges Element beim Kultivieren des Herzens ist der Charakter des Gefäßes. Dieser Charakter steht in einem engen Verhältnis zum Material des Gefäßes. Er zeigt, wie jemand Gottes Wort hört, es in seinem Sinn bewahrt und in die Tat umsetzt. Die Bibel vergleicht die Gefäße mit Gold, Silber, Holz und Ton (2. Timotheus 2,20-21).

Alle hören dieselben Worte, aber sie hören sie anders. Manche nehmen sie mit einem „Amen" an, während andere sie entgleiten lassen, weil die Worte nicht mit ihrem Denken übereinstimmen. Manche Leute hören sie mit ernsthaftem Herzen und versuchen, sie in die Tat umzusetzen, während andere sie zwar als Segen empfangen, dann aber bald wieder vergessen.

Diese Unterschiede rühren vom unterschiedlichen Charakter der Gefäße her. Wenn Sie sich auf das Wort Gottes, das Sie hören, konzentrieren, wird es anders in Ihr Herz gesät, als wenn Sie ihm müde und unkonzentriert zuhören. Selbst wenn Sie dieselbe Predigt hören, sind die Resultate ganz unterschiedlich – je nachdem, ob Sie das Wort tief in Ihr Herz lassen oder es lediglich hören.

In der Apostelgeschichte 17,11 heißt es: *„Diese aber waren edler als die in Thessalonich; sie nahmen mit aller Bereitwilligkeit das Wort auf und untersuchten täglich die Schriften, ob dies sich so verhielte"* und im Hebräerbrief 2,1 steht: *„Deswegen müssen wir umso mehr auf das achten, was wir gehört haben, damit wir nicht etwa am Ziel vorbeigleiten."*

Wenn Sie dem Wort Gottes aufmerksam zuhören, es im Sinn behalten und in die Tat umsetzen, können wir sagen, dass Sie ein Gefäß mit einem guten Charakter haben. Diejenigen, die ein solches Gefäß haben, sind dem Wort Gottes gegenüber gehorsam und können den guten Boden ihres Herzens schnell kultivieren. Durch den guten Boden in ihrem Herzen, werden sie das Wort Gottes ganz tief in ihr Herz lassen, es bewahren und in die Tat umsetzen.

Ein Gefäß mit einem guten Charakter macht das Kultivieren des Bodens leichter und umgekehrt dient guter Boden dem Gefäß dazu, einen guten Charakter zu entwickeln. In Lukas 2,19 lesen wir: *„Maria aber bewahrte alle diese Worte und erwog sie in ihrem Herzen."* Die Jungfrau Maria hatte ein gutes Gefäß, bewahrte das Wort Gottes in ihrem Sinn und empfing den Segen, durch den Heiligen Geist Jesus zu empfangen.

In 1. Korinther 3,9 heißt es: *„Denn Gottes Mitarbeiter sind wir; Gottes Ackerfeld, Gottes Bau seid ihr."* Wir sind der Acker, den Gott bearbeitet. Wir können reine, gute Herzen haben – vergleichbar mit gutem Boden. Wir können ein gutes Gefäß sein, beispielsweise aus Gold, das Gott für edle Zwecke benutzt, wenn wir zuhören, Sein Wort im Sinn bewahren und in die Praxis umsetzen.

Der Charakter des Herzens: Die Größe des Gefäßes

Es gibt noch ein anderes Konzept in Zusammenhang mit dem Charakter des Gefäßes. Hierbei geht es darum, in welchem Maße jemand sein Herz erweitert und benutzt. Der Charakter des Gefäßes steht in Relation zu seinem Material, während der Charakter des Herzens die Größe des Gefäßes beschreibt. Die Größe kann in vier Kategorien eingeteilt werden.

Die erste Kategorie sind diejenigen, die mehr machen, als sie sollen. Das ist das beste Beispiel für den Charakter des Herzens. Bitten die Eltern ihre Kinder zum Beispiel, den Müll vom Boden aufzuheben, heben solche Kinder nicht nur den Müll auf, sondern machen auch ihr Zimmer sauber. Sie tun mehr, als ihre Eltern erwarten und bereiten ihnen so große Freude. Stephanus und Philippus waren lediglich Diakone, doch sie waren treue und heilige Apostel. So bereiteten sie Gott viel Freude und wirkten große Wunder und Zeichen.

Die zweite Kategorie sind jene, die nur tun, was sie tun sollen. Solche Kinder übernehmen Verantwortung, aber sie kümmern sich nicht um andere Menschen oder ihre Umgebung. Wenn ihre Eltern sie bitten, den Müll wegzuräumen, tun sie dies. Man kann ihnen zugute halten, dass sie gehorsam sind, aber sie bereiten Gott keine große Freude. Auch manche Gläubige in der Gemeinde fallen in diese Kategorie. Sie tun einfach ihre Pflicht, aber ihnen sind andere Aspekte praktisch egal. Solche Menschen bereiten Gott eigentlich nicht viel Freude.

Die dritte Kategorie sind diejenigen, die aus Pflichtgefühl das tun, was sie tun müssen. Sie gehen ihren Pflichten nicht mit Freude oder Danksagung nach, sondern beschweren sich und meckern. Diese Menschen haben eine negative Einstellung und sind geizig, wenn es darum geht, sich zu opfern und anderen zu helfen. Wenn man ihnen bestimmte Aufgaben anträgt, können sie diese aus Pflichtgefühl erledigen, aber sie machen es möglicherweise anderen Menschen schwer. Gott schaut auf das Herz. Es freut Ihn, wenn wir unseren Aufgaben freiwillig nachgehen – aus Liebe zu Ihm und nicht, weil wir uns dazu genötigt fühlen.

Die vierte Kategorie sind diejenigen, die Böses tun. Solche Menschen haben überhaupt kein Verantwortung- oder Pflichtgefühl. Andere Menschen sind ihnen egal. Sie bestehen auf ihrer eigenen Denkweise und ihren Theorien und manchen es anderen Leuten schwer. Wenn so jemand Pastor oder Leiter ist, der sich um eine Gemeinde kümmern sollte, kann er das nicht mit Liebe tun. Er verliert Seelen oder veranlasst sie zu straucheln. So jemand gibt immer anderen Menschen die Schuld für schlechte Resultate und geht schließlich seinen Pflichten nicht mehr nach. Darum wäre es besser, wenn ihm von vornherein keine Pflichten übertragen würden.

Jetzt wollen wir prüfen, was für ein Herz oder was für einen Charakter wir haben. Selbst wenn unser Herz nicht weit genug ist, können wir es in ein größeres Herz verwandeln. Um das zu tun, müssen wir es einfach heiligen und ein Gefäß mit einem guten Charakter haben. Es reicht nicht, einen guten Charakter des Herzens zu haben, wenn das Gefäß von schlechtem Charakter ist. Einen guten Charakter des Herzens kultivieren können wir auch, indem wir uns selbst opfern – mit Hingabe und Leidenschaft zu jedem guten Werk.

Diejenigen mit einem guten Herzen können Großartiges für Gott tun und Ihm große Ehre geben. Das war bei Josef der Fall. Seine eigenen Brüdern verkauften ihn nach Ägypten und so wurde er Sklave im Hause Potifars, dem Obersten der Leibwächter des Pharao. Doch er beklagte sich nicht über sein Leben, obwohl er als Sklave verkauft wurde. Josef kam seinen Pflichten so treu nach, dass sein Herr ihm vertraute und ihm alle Angelegenheiten seines Hauses anvertraute. Später wurde er fälschlicherweise beschuldigt und ins Gefängnis gesteckt, blieb aber selbst dort treu und wurde am Ende Premierminister von Ägypten. Er rettete das Land und seine Familie vor einer schlimmen Hungersnot und legte das Fundament für die Gründung des Volkes Israel.

Ohne einen guten Charakter hätte er nur das getan, was ihm von seinem Herrn aufgetragen wurde. Er wäre als Sklave in Ägypten gestorben oder hätte sein ganzes Leben im Gefängnis verbracht. Doch Gott wirkte mächtig durch Josef, weil dieser in Seinen Augen in jeder Situation sein Bestes gab und großherzig handelte.

Weizen oder Spreu

Seit dem Sündenfall „kultiviert" Gott die Menschheit nun schon lange Zeit in dieser physischen Welt. Wenn die Zeit reif ist, wird Er den Weizen von der Spreu trennen. Er wird den Weizen ins Reich der Himmel holen und die Spreu in die Hölle werfen. In Matthäus 3,12 heißt es: *„[S]eine Worfschaufel ist in seiner Hand, und er wird seine Tenne durch und durch reinigen und seinen Weizen in die Scheune sammeln, die Spreu aber* *wird er mit unauslöschlichem Feuer verbrennen."*

Das Wort Weizen bezieht sich hier auf die, die Gott lieben und Sein Wort in die Tat umsetzen, um in der Wahrheit zu leben. Diejenigen, die nicht nach dem Wort Gottes leben, sondern ein böses Leben in der Unwahrheit führen, und diejenigen, die Jesus Christus nicht annehmen und fleischliche Werke tun, sind dagegen als Spreu zu bezeichnen.

Gott will, dass alle zu Weizen werden und die Errettung empfangen (1. Timotheus 2,4). Es ist wie bei einem Landwirt, der will, dass die gesamte Saat, die er gesät hat, aufgeht und eine Ernte einbringt. Allerdings gibt es bei jeder Ernte Spreu; demnach wird nicht jeder Mensch zu Weizen, will heißen, nicht jeder wird gerettet.

Wenn jemandem diese Tatsache über die Menschheit nicht bewusst ist, stellt er vielleicht die Frage: „Es heißt, dass Gott Liebe ist. Warum rettet Er einige und lässt andere den Weg der Zerstörung einschlagen?" Über die Rettung des Einzelnen kann Gott nicht nach Belieben entscheiden. Sie liegt in der freien Entscheidung eines jeden Menschen selbst. Jeder, der in diesem physischen Raum lebt, muss sich entscheiden, entweder für den Himmel oder für die Hölle.

Jesus sagt in Matthäus 7,21: *„Nicht jeder, der zu mir sagt: Herr, Herr!, wird in das Reich der Himmel hineinkommen, sondern wer den Willen meines Vaters tut, der in den Himmeln ist."* Und in Matthäus 13,49-50 heißt es: *„So wird es in der Vollendung des Zeitalters sein: Die Engel werden hinausgehen* *und die Bösen aus der Mitte der Gerechten aussondern und sie in den Feuerofen werfen; da wird das Weinen und das Zähneknirschen sein. "*

Hier sind mit den Gerechten die Gläubigen gemeint. Das bedeutet, dass Gott die Spreu vom Weizen (also von den Gläubigen) trennen wird. Selbst wenn sie Jesus Christus annehmen und in den Gottesdienst gehen, zählen sie dennoch zu den Bösen, wenn sie nicht den Willen Gottes tun. Sie sind die Spreu, die in das Feuer der Hölle geworfen werden.

In der Bibel lehrt uns Gott der Schöpfer über Sein Herz, das Schicksal der Menschheit und den wahren Sinn des Lebens. Er will, dass wir ein Gefäß von gutem Charakter sind und ein gutes Herz entwickeln, um zu echten Kindern Gottes zu werden, das heißt zum Weizen im Reich der Himmel. Doch wie viele Menschen jagen den bedeutungslosen Dingen dieser Welt, die voller Sünde und Gesetzlosigkeit ist, nach? Der Grund dafür ist, dass sie von ihrer Seele kontrolliert werden.

Geist, Seele und Leib I

Teil 2

Die Seele wird gebildet

(Wie die Seele im physischen Raum funktioniert)

Woher kommen die Gedanken des Menschen?

Geht es meiner Seele gut?

„[Wir zerstören] jede Höhe, die
sich gegen die Erkenntnis
Gottes erhebt, und nehmen
jeden Gedanken gefangen unter
den Gehorsam Christi und
sind bereit, allen Ungehorsam
zu strafen, wenn euer Gehorsam
erfüllt sein wird."
- 2. Korinther 10,5-6

Kapitel 1
Die Bildung der Seele

Von dem Augenblick an, als der Geist des Menschen starb,
übernahm seine Seele das Ruder – das heißt die Stelle seines Herrn – für die Zeit,
die er im physischen Raum leben sollte.
Die Seele wurde von Satan beeinflusst;
so reagierte die Seele des Menschen anders als vorher.

1. Die Definition der Seele

2. Verschiedene Funktionen der Seele im physischen Raum

3. Finsternis

Wir erkennen die Wunder in Gottes Schöpfung, wenn wir Tiere anschauen. Fledermäuse finden ihre Nahrung per Echo-Ortung. Lachse oder Vögel legen Tausende von Kilometern zurück, um an den Ort ihrer Geburt und an ihre Brutstätten zurückkehren. Spechte klopfen fast eintausend Mal pro Minute mit ihrem Schnabel aufs Holz.

Der Mensch wurde geschaffen, um sich alles untertan zu machen. Die äußerliche Gestalt des Menschen mag nicht so imposant wie die eines Löwen oder Tigers sein. Weder sein Gehör noch sein Geruchssinn sind so hochsensibel wie der von Hunden. Dennoch ist der Mensch Herr über alle Geschöpfe.

Der Grund? Er hat einen Geist und kann dank seines Gehirns rational denken. Er ist intelligent, kann wissenschaftlich arbeiten und Kulturen entwickeln, um über alle anderen Dinge zu herrschen. Die Denkfähigkeit des Menschen ist mit seiner Seele verbunden.

1. Die Definition der Seele

Das Gedächtnis im Gehirn, das darin gespeicherte Wissen und die Gedanken, die beim Abrufen von Wissen gefasst werden, bezeichnet man insgesamt als Seele.

Wir müssen die Beziehung zwischen Geist, Seele und Leib kennen, um richtig zu verstehen, wie die Seele funktioniert. Dann können wir dahin kommen, dass sie wieder so funktioniert oder reagiert, wie Gott sich das wünscht. Um nicht von Satan kontrolliert zu werden – über unsere Seele-, muss unser Geist Herr und Meister über unsere Seele sein.

In einem englischen Wörterbuch, dem *Merriam-Webster's Dictionary,* wird die Seele etwa so definiert: „die immaterielle Essenz, das belebende Prinzip oder der Auslöser für das Leben eines Menschen; das geistliche Prinzip im Menschen, in allen rational denkenden und geistlichen Wesen oder im Universum." Die biblische Definition der Seele ist eine andere.

Gott hat ein Gedächtnis in das menschliche Gehirn gelegt. Das Hirn hat die Aufgabe, sich an Dinge zu erinnern. So kann der Mensch Wissen in diesem Speicher ablegen und wieder abrufen. Wenn aus diesem Speicher Fakten abgerufen werden, nennt man das einen Gedanken. Es handelt sich also um Gedanken, wenn Dinge, die im Hirn abgespeichert wurden, abgerufen werden oder wenn man sich an sie erinnert. Der Speicher, das heißt das Gedächtnis, das darin enthaltene Wissen und das Abrufen von derlei Wissen insgesamt, bezeichnen wir als Seele.

Die Seele des Menschen speichert Daten, sucht nach ihnen und benutzt sie wie ein Computer. Der Mensch hat eine Seele, sodass er sich an Dinge erinnern und denken kann. Damit ist die Seele genauso wichtig wie das Herz.

Wie stark das Gedächtnis ist und wie sehr sich jemand in seiner Intelligenz von anderen unterscheidet, hängt davon ab, wie viel er gesehen, gehört und gelernt hat, wie gut er sich daran erinnert und wie er diese Informationen nutzt. Der IQ, also der Intelligenzquotient, wird hauptsächlich vererbt, er kann aber auch verändert werden, wenn sich die Person andere Dinge aneignet, entweder durch ein Studium oder durch Erlebnisse und Erfahrungen. Wenn zwei Leute mit einem ähnlichen IQ geboren werden, kann sich dieser, je nachdem wie sehr sich die beiden Personen bemühen, verändern.

Wie wichtig das Funktionieren der Seele ist

Wie jemandes Seele funktioniert, hängt davon ab, welche Inhalte im Speichergerät, also im Gedächtnis, hinterlegt werden. Menschen sehen, hören und fühlen Dinge und erinnern sich jeden Tag an vieles. Später rufen sie sich Dinge ins Gedächtnis, um ihre Zukunft zu planen, um nachzudenken oder zum Unterscheiden von Gut und Böse.

Der Leib ist wie ein Gefäß, in dem Geist und Seele wohnen. Die Seele spielt eine wichtige Rolle bei der Bildung des Charakters, der Persönlichkeit und beim Beurteilen durch das Denkvermögen. Der Erfolg oder Misserfolg eines Menschen hängt zu einem großen Teil davon ab, wie seine Seele funktioniert.

Es folgt die Beschreibung von Ereignissen aus dem Jahr 1920, die sich in einem kleinen indischen Dorf namens Kodamuri, etwa 100 Kilometer von Kalkutta entfernt, zutrugen. Pastor Singh und seine Frau waren Missionare dort und hörten wie die Dorfbewohner über Monster sprachen, die wie Menschen aussahen, aber wie Wölfe in einer Höhle lebten. Als Pastor Singh diese Monster fing, stellte sich heraus, dass es Mädchen waren.

In dem Tagebuch, das Pastor Singh führte, heißt es, die Mädchen hätten nur ausgesehen, wie menschliche Wesen, aber ihr ganzes Verhalten sei das von Wölfen gewesen. Eines der beiden Mädchen starb bald. Dem anderen gaben sie den Namen Gamara. Es lebte neun Jahre lang mit den Singhs, starb dann aber an einer Harnvergiftung.

Am Tag drehte sich Gamara in einem dunklen Raum zur Wand und bewegte sich kein bisschen, stattdessen schlief sie. Nachts kroch sie durch das Haus. Sie heulte so laut wie richtige Wölfe, deren Heulen man in der Ferne hört. Sie leckte das Essen, ohne ihre Hände zu benutzen. Sie rannte auf allen vieren wie Wölfe auf ihren Pfoten. Wenn sich ihr Kinder näherten, fletschte sie mit den Zähnen, knurrte und verließ den Ort.

Die Singhs versuchten, aus dem Wolfsmädchen ein richtiges menschliches Wesen zu machen, aber das war nicht einfach. Erst nach zirka drei Jahren begann sie, mit den Händen zu essen. Nach fünf Jahren konnte man auf ihrem Gesicht Traurigkeit oder Freude ablesen. Bevor Gamara starb, konnte sie nur die einfachsten Gefühle ausdrücken, ähnlich wie Hunde, die vor Freude mit dem Schwanz wedeln, wenn sie ihr Herrchen sehen.

Diese Geschichte zeigt, dass die Seele direkt Einfluss darauf hat, wie und was ein Mensch wird. Gamara wuchs unter Wölfen auf und sah deren Verhalten. Weil sie aber das für einen Menschen nötige Wissen nicht aufnehmen konnte, entwickelte sich ihre menschliche Seele nicht. Sie konnte gar nicht anders, als sich wie ein Wolf zu verhalten, denn sie war bei ihnen aufgewachsen.

Der Unterschied zwischen Menschen und Tieren

Der Mensch besteht aus Geist, Seele und Leib. Der wichtigste Bestandteil ist der Geist. Seinen Geist bekommt er von Gott, der Geist ist. Der menschliche Geist kann nie ausgelöscht werden. Der Leib stirbt und wird wieder zu Staub, aber der Geist und die Seele bleiben erhalten und gehen entweder in den Himmel oder die Hölle.

Als Gott die Tiere schuf, hauchte Er ihnen keinen Lebensodem ein, darum bestehen sie nur aus Leib und Seele. Tiere haben auch ein Gedächtnis. Sie können sich an das, was sie in ihrem Leben gesehen und gehört haben, erinnern. Aber weil sie keinen Geist haben, haben sie kein geistliches Herz. Was sie sehen und hören, ist nur in ihrem Gedächtnis im Gehirn abgespeichert.

Im Prediger 3,21 heißt es: „*Wer kennt den Odem der Menschenkinder, ob er nach oben steigt, und den Odem des Viehs, ob er nach unten zur Erde hinabfährt?*" In diesem Vers lesen wir vom Odem der Menschenkinder. Das Wort Odem, das für die Seele des Menschen steht, wird hier benutzt, weil im Alten Testament, bevor Jesus auf die Erde kam, der Geist in den Menschen tot war. Also egal, ob sie errettet waren oder nicht, als sie starben, hieß es, dass ihr Odem oder ihre Seele sie verließ. Dass die Seele des Menschen nach oben geht, bedeutet, dass sie nicht verschwindet, sondern entweder in den Himmel oder die Hölle kommt. Auf der anderen Seite geht die Seele von Tieren nach unten, das heißt, sie hört auf zu existieren. Die Gehirnzellen der Tiere sterben mit den Tieren ab, sodass der Inhalt ihres Gedächtnisses auch aufhört zu existieren. Ihre Seele ist nicht mehr funktionstüchtig. In manchen Mythen und Geschichten rächen sich schwarze Katzen oder Schlangen an Menschen, aber derlei Geschichten sollten nicht für wahr genommen werden.

Bei Tieren funktioniert die Seele zwar, aber nur in gewissen Grenzen, sodass sie überleben können. Das ergibt sich aus ihrem Instinkt. Instinktiv haben sie Angst vor dem Tod. Wenn sie bedroht werden, leisten sie entweder Widerstand oder sie fürchten sich, aber sie rächen sich nie. Tiere haben keinen Geist. Demnach können sich auch nicht nach Gott trachten. Käme es Fischen beim Schwimmen in den Sinn, wie sie Gott begegnen sollten? Dagegen funktioniert die Seele des Menschen auf einer ganz anderen Ebene, die viel komplizierter ist als die von Tieren. Der Mensch kann über mehr nachdenken, als nur sein Überleben. Er kann Zivilisationen aufbauen, über den Sinn des Lebens nachdenken und philosophische oder religiöse Gedanken entwickeln.

Beim Menschen funktioniert die Seele in einer viel höheren Dimension, denn neben Leib und Seele ist er mit einem Geist ausgestattet. Selbst Menschen, die nicht an Gott glauben, haben einen Geist. Das erklärt auch teilweise, warum sie den geistlichen Bereich wahrnehmen können und sich in gewisser Weise vor einem Leben nach dem Tod fürchten. Da ihr Geist tot ist, werden sie vollkommen von ihrer Seele kontrolliert. Weil sie von ihrer Seele kontrolliert werden, begehen sie Sünden und kommen am Ende in die Hölle.

Der seelische Mensch

Als Adam geschaffen wurde, war er ein geistliches Wesen, das mit Gott kommunizierte. Das heißt, sein Geist war sein Herr und Meister. Seine Seele war wie ein Diener, der seinem Geist gehorchte. Natürlich hatte die Seele schon damals die Aufgabe, sich an Dinge zu erinnern und zu denken, aber es gab in ihren Gedanken nichts Unwahres oder Böses. Die Seele folgte allein den Anweisungen des Geistes, der wiederum dem Wort Gottes gehorchte.

Doch nachdem Adam vom Baum der Erkenntnis des Guten und des Bösen gegessen hatte und sein Geist gestorben war, wurde er zu einem von der Seele geleiteten Menschen. Er wurde somit von Satan kontrolliert; dieser fing an, Adam Unwahres zu suggerieren. So entfernte sich der Mensch immer mehr von der Wahrheit. Satan kontrollierte seine Seele und führte ihn auf Pfaden der Unwahrheit. So sind von der Seele getriebene Menschen solche, deren Geist gestorben ist; sie können von Gott kein geistliches Wissen empfangen.

Der Mensch, dessen Geist gestorben ist, kann die Errettung nicht erlangen. So war das bei Hananias und Saphira in der Urgemeinde. Sie glaubten an Gott, hatten aber keinen echten Glauben. Sie wurden von Satan angestiftet, den Heiligen Geist und Gott zu belügen. Was passierte mit ihnen?

In der Apostelgeschichte 5,4-5 steht: *„Nicht Menschen hast du belogen, sondern Gott. Als aber Hananias diese Worte hörte, fiel er hin und verschied. Und es kam große Furcht über alle, die es hörten."*

Da steht, „er verschied". Wir können somit davon ausgehen, dass er nicht gerettet war. Stephanus dagegen war ein geistlicher Mensch, der dem Willen Gottes gehorchte. Er hatte genug Liebe, um für die zu beten, die ihn steinigten. Über ihn heißt es, dass er seinen Geist in die Hände des Herrn übergab, als er zum Märtyrer wurde.

In Apostelgeschichte 7,59 heißt es: *„Und sie steinigten den Stephanus, der betete und sprach: Herr Jesus, nimm meinen Geist auf!"* Er hatte den Heiligen Geist empfangen, als er Jesus annahm und so war sein Geist wiederbelebt worden. Darum konnte er beten: „[N]imm meinen Geist auf!" Das bedeutet, dass er gerettet war. Es gibt einen weiteren Vers, in dem „Leben" steht, und nicht „Seele" oder „Geist". Als Elia das Kind der Witwe wiederbelebte, heißt es, dass das Leben wieder in das Kind zurückkehrte. *„Und der HERR hörte auf die Stimme Elias, und das Leben des Kindes kehrte zu ihm zurück, und es wurde wieder lebendig"* (1. Könige 17,22).

Wie bereits erwähnt empfingen die Menschen im Alten Testament den Heiligen Geist nicht und ihr Geist konnte nicht wiederbelebt werden. So wird in der Bibel auch nicht das Wort „Geist" verwendet, obwohl das Kind gerettet wurde.

Warum gab Gott den Befehl, die Amalekiter zu zerstören?

Als die Kinder Israels aus Ägypten herauskamen und auf das Land Kanaan zumarschierten, stand die Armee der Amalekiter ihnen im Wege. Sie hatten keine Angst vor Gott, der bei den Kindern Israels war, selbst nachdem sie von den großen Wundern gehört hatten, die Er in Ägypten gewirkt hatte. Sie griffen die Kinder Israels an – und zwar die Nachzügler am Ende des Zuges, als diese erschöpft und müde waren (5. Mose 25,17-18).

In 1. Samuel 15 befahl Gott König Saul deshalb, alle Amalekiter zu zerstören: Männer, Frauen und Kinder, jung und alt, und sogar ihre Tiere.

Wenn wir den geistlichen Bereich nicht verstehen, können wir diesen Befehl nicht nachvollziehen. Jemand könnte sagen: „Gott ist gut und Er ist Liebe. Warum sollte Er einen solch grausamen Befehl erteilen, dass alle Menschen getötet werden sollen, als wären sie Tiere?"

Kennt man aber die geistliche Bedeutung dieses Ereignisses, kann man verstehen, warum Gott diesen Befehl gab. Auch Tiere können sich an Dinge erinnern. Wenn man sie dressiert oder trainiert, erinnern sie sich und gehorchen ihren Herrchen. Da sie aber keinen Geist haben, werden sie einfach wieder zu einer Handvoll Staub. Sie haben in Gottes Augen keinen Wert. Genauso wertlos wie Tiere sind auch diejenigen Menschen, deren Geist tot ist und die nicht gerettet werden können. Sie kommen in die Hölle.

Die Amalekiter waren besonders listig und grausam. Egal wie viel Zeit man ihnen noch hätte geben können, die Chancen, dass sie Buße getan hätten, wären nicht größer gewesen als am Anfang. Wenn es jemanden gegeben hätte, der gerecht, bußfertig oder bereit gewesen wäre, sich von seinen Wegen abzuwenden, hätte Gott auf jeden Fall versucht, ihn zu retten. Denken Sie an die Verheißung Gottes, dass Er Sodom und Gomorra, egal wie sündig beide Städte waren, nicht zerstört hätte, wenn Er dort zehn Gerechte gefunden hätte.

Gott ist voller Barmherzigkeit, Er ist langsam zum Zorn. Doch die Amalekiter hatten keine Chance, errettet zu werden, egal wie viel Zeit man ihnen gegeben hätte. Sie waren kein

Weizen, sondern Spreu, die verbrannt werden musste. Darum befahl Gott, alle Amalekiter zu zerstören, die sich gegen Gott gestellt hatten.

Im Prediger 3,18 steht: *„Ich sprach in meinem Herzen: Der Menschenkinder wegen ist es so, dass Gott sie prüft und damit sie sehen, dass sie nichts anderes als Vieh sind.“* Als Gott sie prüfte, unterschieden sie sich nicht von Tieren. Bei denjenigen, deren Geist tot ist, funktionieren nur Seele und Leib, sodass sie wie Tiere handeln. Natürlich gibt es in dieser sündigen Welt viele Menschen, die noch schlimmer als Tiere sind. Es ist offensichtlich, dass sie nicht gerettet werden können. Auf der einen Seite sterben Tiere einfach; sie vergehen. Auf der anderen Seite kommen Menschen, die nicht gerettet sind, in die Hölle. Am Ende ergeht es ihnen viel schlechter als Tieren.

2. Verschiedene Funktionen der Seele im physischen Raum

Beim ersten Menschen war dessen Geist Herr und Meister, aber nachdem Adam gesündigt hatte, starb sein Geist. Die geistliche Kraft fing an, geringer zu werden. Sie wurde durch fleischliche Kraft ersetzt. Damals begann die Seele, basierend auf Unwahrheiten zu funktionieren.

Die Seele reagiert auf zweierlei Weise. Einmal gemäß dem Fleisch und zum anderen gemäß dem Geist. Solange Adam ein lebendiger Geist war, empfing er nur Wahrheiten – direkt von Gott. Demnach funktionierte seine Seele nur gemäß dem Geist, das heißt gemäß der Wahrheit. Doch als sein Geist starb, fing seine Seele an, sich an Unwahrheiten zu orientieren.

In Lukas 4,6 heißt es: „*Und der Teufel sprach zu ihm: Dir will ich alle diese Macht und ihre Herrlichkeit geben; denn mir ist sie übergeben, und wem immer ich will, gebe ich sie.*" In dieser Szene versuchte der Feind Jesus. Der Teufel sagte, dass ihm alle Macht gegeben worden war – nicht, dass er sie von Anfang an gehabt hätte. Adam war als Herr über alle Geschöpfe geschaffen worden, doch er wurde ein Sklave des Teufels, weil er der Sünde gehorchte. Aus diesem Grund war die Macht Adams an den Teufel übergeben worden. Von da an war die Seele Herr und Meister aller Menschen und alle waren der Herrschaft Satans unterworfen.

Satan kann aber nicht über den Geist oder das wahrhaftige Herz eines Menschen herrschen. Er kontrolliert die Seele von

Menschen, um ihre Herzen zu stehlen. Satan legt verschiedene Unwahrheiten in die Köpfe der Menschen. In dem Maße, wie er die Seelen der Menschen gefangen nimmt, kann er auch ihre Herzen kontrollieren.

Solange Adam ein lebendiger Geist war, kannte er nur die Wahrheit und so war sein Herz gleichzeitig sein Geist. Doch nachdem die Kommunikation mit Gott unterbrochen wurde, konnte er keine Wahrheit oder geistliche Kraft mehr empfangen. Stattdessen fing er an, Unwahrheiten anzunehmen, die Satan zu seiner Seele brachte. Diese Erkenntnis der Unwahrheit führte dazu, dass sich im Herzen des Menschen Unwahrheiten ausbreiteten.

Wie man das fleischliche Funktionieren der Seele zerstört

Haben Sie schon einmal etwas unbedacht gesagt oder getan, was Sie nie für möglich gehalten hätten? Der Grund ist, dass die Menschheit von der Seele kontrolliert wird. Weil die Seele den Geist überdeckt, kann unser Geist nur dann aktiv werden, wenn wir das fleischliche Wirken der Seele durchbrechen. Wie kann man dieses fleischliche Wirken der Seele durchbrechen? Das Wichtigste ist, dass wir erkennen, dass unser Wissen und unsere Vorstellungen nicht richtig sind. Erst dann können wir das Wort der Wahrheit, welches sich von unseren Vorstellungen unterscheidet, annehmen.

Jesus benutzte Gleichnisse, um die falschen Vorstellungen

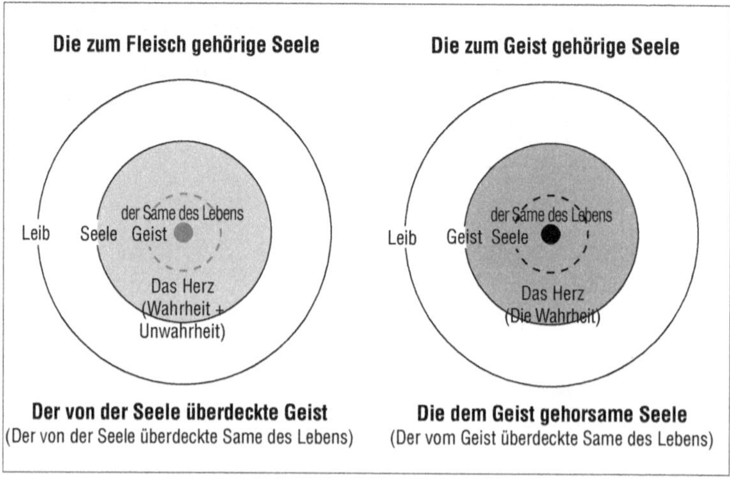

der Menschen zu zerstören (Matthäus 13,34). Sie konnten geistliche Dinge nicht verstehen, denn der Samen des Lebens wurde von ihrer Seele erstickt. Darum versuchte es Jesus mit Gleichnissen über diese Welt, die ihnen helfen sollten, Dinge zu begreifen. Doch weder die Pharisäer noch Seine Jünger gegriffen Ihn. Sie legten alles gemäß ihren vorgefertigten Meinungen und fleischlichen Vorstellungen aus, die nicht wahrhaftig waren. Dadurch konnten sie geistliche Dinge nicht verstehen.

Die gesetzlichen oder religiösen Menschen Seiner Zeit verurteilten Jesus, weil Er einen Mann am Sabbat geheilt hatte. Geht man mit gesundem Menschenverstand an die Sache heran, erkennt man, dass Jesus jemand war und ist, den Gott anerkennt und liebt, denn Er tat Dinge, die nur mit der Kraft Gottes möglich waren. Die Gesetzeslehrer von damals konnten das Herz Gottes wegen der Überlieferungen der Ältesten und wegen ihrer festgefahrenen Denkweise nicht verstehen. Jesus wollte ihnen helfen. Sie sollten ihre falschen Vorstellungen und ihr falsches Selbstverständnis erkennen.

In Lukas 13,15-16 steht: *„Der Herr nun antwortete ihm und sprach: Heuchler! Bindet nicht jeder von euch am Sabbat seinen Ochsen oder Esel von der Krippe los und führt ihn hin und tränkt ihn? Diese aber, die eine Tochter Abrahams ist, die der Satan gebunden hat, siehe, achtzehn Jahre lang, sollte sie nicht von dieser Fessel gelöst werden am Tag des Sabbats?"*

Als Er das sagte, fühlten sich alle Seine Gegner gedemütigt. Doch der Rest der Menge freute sich über die herrlichen Dinge, die Er tat. Sie hatten die Chance, sich ihrer falschen Denkweise klar zu werden. Jesus versuchte, die falschen Vorstellungen der Menschen zu zerstören. Ihm war bewusst, sie würden erst dann bereit sein, ihre Herzen zu öffnen, nachdem ihre eigene Denkweise zerstört worden war.

Schauen wir uns das in der Offenbarung 3,20 an:

Siehe, ich stehe an der Tür und klopfe an; wenn jemand meine Stimme hört und die Tür öffnet, zu dem werde ich hineingehen und mit ihm essen und er mit mir.

In diesem Vers steht die Tür symbolisch für das Tor zu den Gedanken, also zur Seele. Der Herr klopft an die Tür unserer

Gedanken an – mit dem Wort der Wahrheit. Wenn wir die Tür zu unseren Gedanken öffnen, das heißt wenn wir unsere Seele zerstören und das Wort des Herrn annehmen, wird die Tür unseres Herzens geöffnet. Wenn Sein Wort auf diese Weise in unser Herz gelangt, fangen wir an, die Bibel in die Tat umzusetzen. Das bedeutet, wir speisen mit dem Herrn. Wenn wir das, was Er sagt, einfach mit einem Amen annehmen – selbst dann, wenn Sein Wort nicht mit unseren Vorstellungen oder Theorien übereinstimmt – können wir das von Unwahrheiten geprägte Funktionieren unserer Seele durchbrechen.

Wie erläutert müssen wird zunächst die Tür zu unseren Gedanken und dann die Tür zu unserem Herzen öffnen, sodass das Evangelium den Samen des Lebens, der von der Seele umgeben oder zugedeckt ist, erreichen kann. Man kann sich das so vorstellen, wie wenn man jemanden anders Zuhause besucht. Bevor der Gast, der draußen ist, den Gastgeber sehen kann, muss er das Tor öffnen, ins Gebäude hineingehen und dann die Wohnungstür zur aufmachen.

Es gibt viele Wege, wie man dem fleischlichen Funktionieren der Seele ein Ende bereiten kann. Bei manchen Menschen ist es besser, ihnen eine logische Erklärung zu geben, damit sie die Tür zu ihren Gedanken und ihrem Herzen öffnen und das Evangelium annehmen. Bei anderen ist es besser, wenn man die Macht Gottes demonstriert oder ihnen gute Allegorien oder Gleichnisse erzählt. Auch müssen wir beständig das unwahre

Funktionieren der Seele bei denen stoppen, die das Evangelium angenommen haben. Nur so können sie im Glauben gedeihen. Es gibt viele Gläubige, die im Glauben und im Geist nicht weiter wachsen. Der Grund dafür ist, dass geistliche Dinge für sie nicht ständig präsent sind, weil ihre Seele fleischlich reagiert.

Wie Erinnerungen entstehen

Damit unsere Seele wie gewünscht agiert, muss uns bewusst sein, wie Wissen, das wir erlangen, abgespeichert wird. Manchmal sehen und hören wir Dinge, an die wir uns später kaum erinnern. Dann gibt es Dinge, an die wir uns noch jahrelang in allen Einzelheiten erinnern. Der Unterschied liegt darin wie wir diese Dinge in unserem Gedächtnis ablegen.

Zum einen speichern wir Dinge im Gedächtnis ab, wenn wir sie zufällig bemerkt haben. Wir sehen oder hören etwas, beachten es aber gar nicht. Vielleicht fahren Sie mit dem Zug zurück nach Hause. Sie sehen die Weizenfelder und anderes Getreide. Wenn Sie dabei aber gerade intensiv an etwas anderes denken, können Sie sich, wenn Sie zu Hause ankommen, nicht richtig an das erinnern, was sie vom Zug aus gesehen haben. Auch Schüler, die in der Schule träumen, können sich später nicht mehr an das Unterrichtsgeschehen erinnern.

Zum anderen gibt es das einfache Gedächtnis. Wenn Sie die Weizenfelder vom Zug aus sehen, können Sie sie mit Ihren

Eltern in Verbindung bringen. Sie denken beim Anblick der Felder an Ihren Vater, einen Landwirt. So können Sie sich später wage an das, was Sie gesehen haben, erinnern. Auch Schüler können sich nur unscharf an das erinnern, was der Lehrer gesagt hat. Gut erinnern können sie sich an das, was sie direkt nach dem Unterricht gehört haben; ein paar Tage später aber haben sie es dann auch vergessen.

Drittens kann man Erinnerungen aktiv abspeichern. Wenn Sie selber Landwirt sind, geben Sie Acht, wenn Sie Weizenfelder und andere Äcker sehen. Sie erkennen gleich, wie gut sich jemand um die Felder gekümmert hat oder wie die Treibhäuser gebaut sind. Auch wollen Sie das Gesehene bei sich selbst umsetzen. Sie sind aufmerksam und prägen sich Dinge ein. Selbst nach Ihrer Ankunft in Ihrer Heimatstadt haben sie die Einzelheiten noch im Gedächtnis. Oder stellen Sie sich vor, der Lehrer sagt im Unterricht: „Wir werden nach dieser Stunde einen Test schreiben. Für jede falsche Antwort, bekommt ihr fünf Punkte abgezogen." In solch einem Fall wird ein Schüler sich wahrscheinlich konzentrieren und an die Anweisungen aus dem Unterricht erinnern. So behält man im Vergleich zu den beiden erstgenannten Methoden Dinge länger im Gedächtnis.

Viertens können Dinge im Gehirn und im Herzen abgespeichert werden. Sagen wir, Sie schauen sich einen traurigen Film an. Sie fühlen mit dem Schauspieler mit und begeben sich so sehr in die Geschichte hinein, dass Sie viel weinen müssen.

In diesem Fall würde die Erinnerung daran nicht nur in Ihrem Gedächtnis, sondern auch in Ihrem Herzen abgespeichert werden. Das Gesehene wird zusammen mit dem Gefühlten im Herzen und in den Zellen des Gehirns abgelegt. Dinge, die mit Nachdruck sowohl im Gedächtnis als auch im Herzen gespeichert werden, bleiben einem erhalten – es sei denn, die Gehirnzellen werden beschädigt. Sollte das Hirn irgendwie geschädigt werden, bleibt das, was im Herzen war, dennoch erhalten.

Wie groß wäre wohl der Schock, sollte ein Kind miterleben, wie seine Mutter bei einem Autounfall tödlich verunglückt! In diesem Fall würden die Szene und die traurigen Gefühle in seinem Herzen abgespeichert werden. Weil das Ereignis nicht nur im Herzen, sondern auch im Gedächtnis abgelegt ist, wird es dem Kind schwer fallen, das zu vergessen. Wir haben die vier Methoden zum Abspeichern von Dingen in unserem Gedächtnis angeschaut. Wenn sie uns sehr vertraut sind, hilft uns das zu kontrollieren, wie unsere Seele funktioniert.

Dinge, die Sie vergessen wollen, an die Sie aber konstant erinnert werden

An manches werden wir ständig erinnert; es sind aber Dinge, an die wir nicht erinnert werden wollen. Der Grund ist, dass sie sowohl im Hirn als auch im Herzen abgespeichert sind – zusammen mit Gefühlen.

Nehmen Sie an, sie hassen jemanden. Jedes Mal, wenn sie an die Person denken, leiden Sie, weil Sie sie hassen. In diesem Fall müssen Sie sich zu allererst mit dem Wort Gottes befassen. Gott sagt, wir sollen sogar unsere Feinde lieben und Jesus betete dafür, dass denen vergeben wird, die Ihn kreuzigten. Gott wünscht sich Herzen voller Güte und Liebe; darum müssen wir Unwahrheiten aus unserem Herzen herausziehen, die der Feind, der Satan, uns erzählt hat.

Wenn wir uns die Sache anschauen, wird uns wohl in den meisten Fällen klar werden, dass die Gründe, warum wir andere Menschen hassen, trivialer Natur sind. Uns kann klar werden, wo wir Gott nicht gehorchen, wenn wir über uns selbst nachdenken und uns dabei 1. Korinther 13 anschauen. Dort heißt es, dass wir auf das Wohlergehen anderer Menschen bedacht, sanftmütig und verständnisvoll sein sollen. Wenn uns klar wird, dass wir nicht gerecht handeln, kann der Hass in unserem Herzen langsam wegschmelzen. Wenn wir Güte spüren und gleich im Herzen ablegen, brauchen wir nicht unter bösen Gedanken zu leiden. Selbst wenn andere etwas tun, was Ihnen nicht gefällt, werden Sie ihnen gegenüber keinen Hass spüren, solange Sie sich auf gute Gefühle konzentrieren und denken: „Er muss einen Grund dafür haben."

Wir müssen wissen, was zusammen mit Unwahrheiten hereinkommt

Was müssen wir in Bezug auf die Unwahrheiten tun, die

wir bereits zusammen mit unwahren Gefühlen aufgenommen haben?

Wenn etwas tief in Ihrem Herzen ist, erinnern Sie sich selbst dann daran, wenn Sie nicht bewusst versuchen, daran zu denken. In diesem Fall sollten Sie die Gefühle ändern, die mit dieser Angelegenheit verbunden sind. Anstatt zu versuchen, nicht daran zu denken, ändern Sie den Gedanken. So können Sie beispielsweise ändern, wie Sie über jemanden, den Sie hassen, denken. Sie können anfangen, sich in ihn zu versetzen und nachzuvollziehen, warum er in seiner Situation so oder so gehandelt hat.

Sie können außerdem an seine guten Eigenschaften denken und für ihn beten. Versuchen Sie, mit freundlichen, warmen Worten zu ihm zu sprechen, geben Sie ihm ein paar kleine Geschenke und handeln Sie aus Liebe; dann wird aus dem Hass im Laufe der Zeit Liebe. Dann müssen Sie, wenn Sie an ihn denken, nicht mehr leiden.

Bevor ich den Herrn als meinen Retter annahm, hasste ich die sieben Jahre lang, die ich krank im Bett lag, alle Menschen. Es bestand keine Chance auf Heilung und ich hatte im Leben keinerlei Hoffnung mehr. Meine Schulden wuchsen und meine Familie zerbrach fast daran. Meine Frau musste den Lebensunterhalt verdienen und meine Verwandten wollten meine Familie nicht aufnehmen, weil wir ihnen zur Last geworden wären.

Die gute Beziehung zu meinen Brüdern ging ebenfalls in die Brüche. Damals dachte ich an nichts anderes als meine schwierige Situation und hasste sie, weil sie mich im Stich gelassen hatten. Meiner Frau gegenüber hegte ich einen Groll, weil sie oft ihre Sachen packte und mich verließ. Das traf auch auf ihre Familie zu, die mich mit ihren scharfen Äußerungen verletzte. Jedes Mal, wenn ich sah, wie sie mich verächtlich anschauten, wuchsen mein Hass und meine Verbitterung nur noch mehr. Doch eines Tages waren all dieser Groll und Hass weg.

Ich nahm den Herrn Jesus an und hörte auf das Wort Gottes; dabei wurden mir meine Fehler bewusst. Gott sagt, wir sollen selbst unsere Feinde lieben; Er gab Seinen einzigen eingeborenen Sohn als Sühneopfer für uns. Was für ein Mensch war ich, dass ich verbittert und voller Groll war? Ich fing an, mich in ihre Lage zu versetzen. Nehmen wir einmal an, ich hätte eine Schwester und die hätte einen inkompetenten Mann geheiratet und müsste deshalb den Lebensunterhalt verdienen. Was würde ich wohl von der Situation halten? Als ich anfing, mich in ihre Lage zu versetzen, konnte ich sie verstehen. Mir wurde klar, dass ich der Schuldige war.

Als ich mein Denken veränderte, fing ich an, für die Familie meiner Frau dankbar zu sein. Manchmal gaben sie uns etwas Reis oder andere Dinge, die wir brauchten und dafür war ich dankbar. In jener schweren Zeit nahm ich auch den Herrn an und begann, Dinge über den Himmel zu lernen – ein weiterer Grund zum Danken. Als ich meine Denkweise änderte, war ich sogar dankbar, dass ich krank geworden war und dadurch meine Frau kennen gelernt hatte. Mein ganzer Hass verwandelte sich in Liebe.

Wenn die Seele in der Unwahrheit funktioniert

Wenn Ihre Seele in der Unwahrheit funktioniert oder reagiert, schaden Sie sich damit nicht nur selbst, sondern auch den Menschen um sich herum. Lassen Sie uns deshalb ein paar Beispiele aus unserem Alltag dafür anschauen, wie die Seele in der Unwahrheit funktioniert kann.

Erstens: Sie verstehen andere Menschen falsch oder sind nicht in der Lage, sie zu verstehen oder anzunehmen.

Jeder Mensch hat einen eigenen Geschmack, eigene Werte und Vorstellungen in Bezug auf das, was recht ist. Manche mögen ein einzigartiges Design für ihre Kleidung, während andere ein einfaches, schlichtes Design vorziehen. Manche finden einen bestimmten Film interessant, während andere ihn langweilig finden.

Ohne es überhaupt zu bemerken, hegen wir aufgrund dieser Unterschiede ungute Gefühle gegenüber den Menschen, die sich sehr von uns unterscheiden. Einer ist kontaktfreudig und offen und spricht unverhohlen über das, was er nicht mag. Jemand anders kann seine Gefühle nicht so gut ausdrücken und braucht lange, um sich zu entscheiden, weil er alle Aspekte bis ins Detail abwägt. Die erste Person findet, die zweite Person ist zu langsam und nicht lebhaft genug. Dagegen hält die zweite Person die erste für unüberlegt und etwas aggressiv – und meidet sie.

In diesem Vergleich sieht man, wie die Seele anhand von Unwahrheiten funktioniert, wenn jemand andere Menschen nicht verstehen oder akzeptieren kann. Wenn wir nur das mögen, was uns gefällt, und wenn wir denken, dass nur das, was wir für richtig halten, richtig ist, können wir andere Menschen nicht wirklich verstehen oder akzeptieren.

Zweitens: Andere verurteilen.

Zu verurteilen bedeutet, in Bezug auf eine Person oder eine Sache zu einem Urteil zu kommen – basierend auf unserer eigenen Denkweise und unseren Gefühlen. In manchen Ländern wird es als ungehobelt betrachtet, wenn man sich am Esstisch die Nase putzt. In anderen Ländern ist das vollkommen in Ordnung. In manchen Ländern gilt es als ungehobelt, Essen zu verschwenden, während es andernorts akzeptiert wird und sogar als vornehm gilt, wenn man etwas Essen auf dem Teller lässt.

Jemand fragte eine Person, die mit den Händen aß, ob es nicht unhygienisch sei, mit den Händen zu essen. Der Mann sagte daraufhin: „Ich habe mir die Hände gewaschen, also ist es hygienisch. Aber ich weiß nicht, wie sauber die Gabel und das Messer sind. Darum ist meine Hand hygienischer." Je nachdem, wo wir aufwachsen und was wir gelernt haben, unterscheiden sich unsere Gefühle und Denkweisen in der jeweiligen Situation.

Darum dürfen wir recht und unrecht nicht nach menschlichen Maßstäben, die nicht der Wahrheit entsprechen, beurteilen.

Manche treffen ein Urteil und denken, andere würden das Gleiche tun wie sie. Diejenigen, die lügen, denken, andere lügen auch. Die die tratschen, denken, andere tun es auch.

Stellen Sie sich vor, Sie sehen einen Mann und eine Frau, die sie gut kennen, an einem Hotel stehen. Dann kommen Sie vielleicht zu dem Schluss: „Die müssen zusammen im Hotel gewesen sein. Ich habe schon gedacht, da läuft etwas zwischen den beiden."

Doch Sie können gar nicht wissen, ob dieser Mann und diese Frau sich nicht nur im Café des Hotels unterhalten haben oder sich zufällig auf der Straße begegnet sind. Wenn Sie sie verurteilen oder richten und das dann auch noch an andere Leute weitergeben, kann den beiden dadurch großes Unrecht getan werden, ihnen könnten Nachteile entstehen. Auch Schlimmeres könnte passieren – nur wegen eines Gerüchts.

Durch Richten kommt es auch zu irrelevanten Antworten. Wenn Sie jemanden, der oft zu spät zur Arbeit kommt, fragen: „Wann bist du heute gekommen?", erwidert er vielleicht: „Heute bin ich nicht zu spät gekommen." Sie haben bloß gefragt, wann er gekommen ist, aber er hat angenommen, dass Sie ihn gerichtet haben; so gab er eine völlig irrelevante Antwort.

In 1. Korinther 4,5 heißt es: „*So verurteilt nichts vor der Zeit, bis der Herr kommt, der auch das Verborgene der Finsternis*

*ans Licht bringen und die Absichten der Herzen offenbaren
wird! Und dann wird jedem sein Lob werden von Gott.“*

Auf der Welt wird so viel gerichtet und verurteilt, nicht
nur auf persönlicher Ebene, sondern auch in Familien, in der
Gesellschaft, in der Politik und selbst über Länder. Dieses Übel
bringt nur Streit und Unglück. Überall wird verurteilt, aber
die Menschen sind sich dieser Tatsache nicht einmal bewusst.
Manchmal ist ihre Einschätzung oder ihr Urteil korrekt. Doch
meistens ist das nicht der Fall. Selbst wenn sie richtig liegen,
ist das Richten an sich böse und Gott hat es verboten. Darum
dürfen wir nicht richten.

Drittens: Es gibt Verdammnis.

Menschen richten andere Menschen nicht nur in ihren
Gedanken, sie verdammen sie auch. Manche leiden wegen
feindseliger Kommentare über sie im Internet mental sehr.
Richten und Verdammen passiert in unserem Alltag häufig.
Wenn jemand einfach an Ihnen vorbeigeht, ohne Sie zu grüßen,
verdammen Sie ihn vielleicht, weil Sie denken, er habe Sie
absichtlich ignoriert. Aber vielleicht hat er Sie nicht erkannt oder
war einfach in Gedanken. Sie dagegen verdammen ihn mit Ihren
Gefühlen.

Darum warnt uns Jakobus 4,11-12:

*Redet nicht schlecht übereinander, Brüder! Wer
über einen Bruder schlecht redet oder seinen Bruder*

richtet, redet schlecht über das Gesetz und richtet das Gesetz. Wenn du aber das Gesetz richtest, so bist du nicht ein Täter des Gesetzes, sondern ein Richter. Einer ist Gesetzgeber und Richter, der zu retten und zu verderben vermag. Du aber, wer bist du, der du den Nächsten richtest?

Jemanden zu richten oder zu verdammen, ist arrogant. Der Richtende maßt sich an, wie Gott richten zu können. Damit verurteilt sich derjenige selbst. Geistliche Dinge zu richten und zu verurteilen ist ein noch schwierigeres Problem. Manche richten und verurteilen das mächtige Wirken Gottes oder Seine Vorsehung in ihrer Denkweise oder gemäß ihrem Erkenntnisstand.

Wenn eine Person berichtet: „Ich bin durch Gebet von einer unheilbaren Krankheit geheilt worden!", glauben es gutherzige Menschen. Andere dagegen verurteilen das Gesagte und denken: „Wie kann eine Krankheit einfach durch Gebet geheilt werden? Da muss eine Fehldiagnose vorgelegen haben oder die Person denkt nur, es gehe ihr besser." Andere verdammen die Person vielleicht sogar und behaupten, sie habe gelogen. Sie verurteilen und verdammen sogar die Berichte in der Bibel, wie zum Beispiel, dass sich das Rote Meer teilte, die Sonne stillstand oder bitteres Wasser in Trinkwasser verwandelt wurde. All das tun sie als Mythen ab.

Manche Menschen sagen, sie glauben an Gott und doch richten und verdammen sie das Wirken des Heiligen Geistes. Wenn jemand sagt, seine geistlichen Augen seien geöffnet worden, sodass er in den geistlichen Bereich sehen kann oder dass er mit Gott kommuniziert, behaupten andere Menschen, dass er falsch liegt oder dass es sich um Mystik handelt. Derlei Dinge sind in der Bibel festgehalten, aber sie verdammen diese Dinge aufgrund ihres persönlichen Credos.

Von solchen Leuten gab es schon zu Jesu Zeiten genug. Als Er am Sabbat die Kranken heilte, hätten sie auf die Tatsache schauen sollen, dass Gottes Kraft durch Jesus manifestiert wurde. Wenn es nicht im Einklang mit dem Willen Gottes gewesen wäre, hätte Jesus diese Dinge gar nicht bewirken können. Doch die Pharisäer richteten und verdammten Jesus, den Sohn Gottes, durch ihre eigenen Vorstellungen und Denkweisen. Wenn Sie das Wirken Gottes verurteilen und verdammen, ist das eine schlimme Sünde – selbst, wenn Sie es tun, weil Sie die Wahrheit nicht wirklich kennen. Sie müssen sehr vorsichtig sein, weil Sie keine Chance hätten, Buße zu tun, wenn Sie sich gegen den Heiligen Geist stellen, etwas gegen Ihn sagen oder über Ihn lästern würden.

Viertens: Eine falsche oder fehlerhafte Botschaft weitergeben.

Wenn wir eine Nachricht weitergeben, bringen wir

gewöhnlich unsere Gefühle und Gedanken mit ein, wodurch die Botschaft verzerrt wird. Selbst wenn wir die Nachricht exakt weitergeben, kann die ursprüngliche Botschaft durch Gesichtszüge und die Stimme verändert werden. Ein Beispiel: Wenn wir jemandem freundlich und mit weicher Stimme „hallo" zurufen, ist das etwas ganz anderes, als wenn wir es ihm grob und zornig zurufen würden. Wenn wir etwas nicht mehr wörtlich wiedergeben können, sondern es in eigene Worte fassen, wird die ursprüngliche Bedeutung oft verzerrt.

Davon finden sich in unserem Alltag viele Beispiele; das Gesagte wird übertrieben oder gekürzt. Manchmal wird der Kontext vollkommen verändert. Aus „Stimmt das nicht?", wird „Das stimmt doch, oder?" Aus „Wir planen..." wird „Es sieht so, aus als würden wir..."

Wenn wir ein wahrhaftiges Herz haben, verzerren wir die Fakten durch unsere eigene Denkweise nicht. Stattdessen geben wir die Botschaft genau weiter. Wir haben dabei weder Böses im Herzen, noch agieren wir mit bösem Charakter. Letzteres wäre der Fall bei jemandem, der nur auf den eigenen Vorteil bedacht ist, Dinge ungenau weitergibt, schnell richtet und schlecht über andere redet. In Johannes 21 lesen wir ab Vers 18 die Worte des Herrn Jesus über das Märtyrertum von Petrus. Dort heißt es: *„Wahrlich, wahrlich, ich sage dir: Als du jünger warst, gürtetest du dich selbst und gingst, wohin du wolltest; wenn du aber alt geworden bist, wirst du deine Hände ausstrecken, und ein anderer wird dich gürten und hinbringen, wohin du nicht willst."*

Petrus war neugierig in Bezug auf Johannes und fragte: *„Herr, was soll aber dieser?"* (Vers 21). Da antwortete Jesus: *„Wenn ich will, dass er bleibe, bis ich komme, was geht es dich an? Folge du mir nach!"* (Vers 22). Wie wurde diese Botschaft Ihrer Meinung nach an die anderen Jünger weiter gegeben? Laut der Bibel sagten sie, dieser Jünger würde nicht sterben. Jesus meinte, dass es Petrus nichts anginge, selbst dann, wenn Johannes so lange leben würde, bis der Herr wiederkehrt. Doch die Jünger gaben eine fehlerhafte Botschaft weiter, indem sie ihre eigenen Gedanken hinzufügten.

Fünftens: Negative und böse Emotionen.

Da wir schlechte, fleischliche Gefühle haben, beispielsweise Enttäuschung, verletzter Stolz, Eifersucht, Zorn und Hass, funktioniert oder reagiert unsere Seele aufgrund von Unwahrheiten. Unsere Reaktionen variieren, je nachdem wie wir uns fühlen, selbst wenn wir die gleiche Nachricht erhalten.

Nehmen wir an, der Chef einer Firma sagt zu seinem Arbeiter: „Können Sie das nicht besser?" und deutet auf einen Fehler hin. In solch einer Situation nehmen es manche demütig an, lächeln und sagen: „Ja, beim nächsten Mal versuche ich, es besser zu machen." Diejenigen, die sich über ihren Chef beschweren, könnten nach solch einer Bemerkung bitter und böse werden. Sie könnten denken: „Musste der das so formulieren?" oder „Wie steht's mit ihm selbst? Er macht seine eigene Arbeit ja selbst nicht richtig."

Vielleicht gibt Ihnen Ihr Chef einen Rat: „Ich glaube, es wäre besser, wenn Sie dies hier so korrigieren." Manche akzeptieren das einfach und sagen: „Das ist eine gute Idee. Vielen Dank für den Hinweis." Sie denken über den Ratschlag nach. Andere würden sich in solch einer Situation unwohl und in ihrem Stolz verletzt fühlen. Wegen dieser bösen Gefühle beschweren sie sich und denken: „Ich habe mein Bestes gegeben, um diese Aufgabe gut zu machen. Wie kommt er dazu, so etwas zu sagen. Wenn er so schlau ist, warum macht er es nicht selber?"

In der Bibel lesen wir, wie Jesus Petrus korrigiert (Matthäus 16,23). Als es Zeit war für die Kreuzigung Jesu, ließ Er es die Jünger wissen. Petrus wollte nicht, dass sein Herr so schlimm leiden sollte: „*Gott behüte dich, Herr! Dies wird dir keinesfalls widerfahren*" (Vers 22).

Da versuchte Jesus nicht, ihn mit folgenden Worten zu trösten: „Ich weiß, wie du dich fühlst. Ich bin dankbar dafür. Aber ich muss gehen." Stattdessen wies Er ihn zurecht und sagte: „*Geh hinter mich, Satan! Du bist mir ein Ärgernis, denn du sinnst nicht auf das, was Gottes, sondern auf das, was der Menschen ist*" (Vers 23).

Der Weg für Sünder konnte allerdings nur dadurch gebahnt werden, dass Jesus am Kreuz litt. Ohne das Kreuz die Vorsehung verhindert worden. Petrus hegte Jesus gegenüber keine bösen Gefühle und beschwerte sich auch nicht über Ihn, denn er glaubte, dass alles, was Jesus sagte, etwas bedeutete. Aufgrund der Güte seines Herzens wurde Petrus später zu einem Apostel, der in der Kraft Gottes erstaunliche Wunder wirkte.

Was geschah andererseits mit Judas Iskariot? In Matthäus 26 goss Maria von Betanien ein Gefäß mit sehr teurem Parfüm über Jesu Füßen aus. Judas dachte, das sei Verschwendung. Er sagte: *„Denn dies hätte teuer verkauft und der Erlös den Armen gegeben werden können"* (Vers 9). Tatsächlich wollte er das Geld stehlen.

Hier lobte Jesus Maria für das, was gemäß der Vorsehung Gottes geschehen war, um Ihn, Jesus, für Sein Begräbnis vorzubereiten. Dennoch hegte Judas böse Gefühle und beschwerte sich über Jesus, weil dieser nicht auf seine Worte einging. Am Ende beging Judas eine riesige Sünde, indem er den Verrat an Jesus plante und Ihn überlieferte.

Heute funktioniert oder agiert die Seele vieler Menschen von der Wahrheit getrennt. Aber selbst, wenn wir etwas sehen, wird unsere Seele nicht reagieren, solange wir nicht emotional eingebunden sind. Wenn wir etwas sehen, müssen wir auf der Ebene dessen, was wir gesehen haben, innehalten. Wir dürfen unsere Gedanken nicht zum Richten und Verdammen benutzen. Damit wir in der Wahrheit bleiben können, ist es besser, nichts Unwahres zu sehen oder zu hören. Aber selbst dann, wenn wir mit Unwahrheiten in Kontakt gekommen sind, können wir gütig bleiben, solange wir Gutes denken und fühlen.

3. Finsternis

Satan hat dieselbe finstere Macht wie Luzifer; er stiftet Menschen an, Böses zu denken, ein böses Herz zu haben und böse zu handeln.

Tatsache ist, dass es böse Geister sind, die uns dazu bringen, dass unsere Seele nicht wahrheitsgemäß reagiert. Gott hat die Welt der bösen Geister zugelassen, damit die Menschheitsgeschichte gemäß der Vorsehung ihren Lauf nehmen konnte. Sie haben die Autorität über die Luft, solange es die Menschheit gibt. In Epheser 2,2 heißt es: *„in denen ihr einst wandeltet gemäß dem Zeitlauf dieser Welt, gemäß dem Fürsten der Macht der Luft, des Geistes, der jetzt in den Söhnen des Ungehorsams wirkt."*

Gott erlaubte ihnen zu kontrollieren, wie die Finsternis sich bewegt – und zwar solange, bis Gott die Menschheitsgeschichte abschließt.

Diese bösen Geister der Finsternis täuschen Menschen, damit sie sündigen und sich gegen Gott stellen. Sie unterliegen auch einer strengen Ordnung. Ihr Anführer, Luzifer, kontrolliert die Finsternis, gibt Befehle und kontrolliert untergeordnete böse Geister. Es gibt viele andere Wesen, die Luzifer helfen. Es handelt sich um mächtige Drachen und ihre Engel (siehe Offenbarung 12,7). Außerdem gibt es Satan, den Teufel und Dämonen.

Luzifer, der Anführer in der Welt der Finsternis

Luzifer war ein Erzengel, der Gott mit einer wunderbaren Stimme und Musikinstrumenten pries. Er genoss seine hohe Position und Macht und wurde lange, lange Zeit von Gott geliebt. Doch dann wurde er arrogant und verriet Gott. Ab jenem Zeitpunkt war seine schöne Erscheinung hässlich. In Jesaja 14,12 lesen wir: *„Wie bist du vom Himmel gefallen, du Glanzstern, Sohn der Morgenröte! Wie bist du zu Boden geschmettert, Überwältiger der Nationen!"*

Heute gleichen Menschen, ohne sich dessen bewusst zu sein, der Erscheinung von Luzifer – mit ihren außergewöhnlichen Frisuren und ihrer Schminke. Mit den Modetrends der Welt kontrolliert Luzifer die Gedanken der Menschen, wie er will. Insbesondere in der Musik übt Luzifer großen Einfluss aus.

Er stiftet die Menschen auch zu Sünde und Gesetzlosigkeit an – durch moderne Entwicklungen, einschließlich durch Computer. Er täuscht böse Herrscher, damit sie sich gegen Gott stellen. In manchen Ländern werden Christen offiziell verfolgt. All dies geschieht, weil Luzifer die Menschen dazu motiviert und anstiftet.

Darüber hinaus führt er Menschen durch verschiedene Arten von Zauberei und Magie in Versuchung und verlockt Schamanen und Magier dazu, ihn anzubeten. Er tut sein Bestes, um immer mehr Menschen in die Hölle zu führen und sich gegen Gott zu stellen.

Drachen und ihrer Engel

Drachen sind die Anführer von bösen Geistern und unterstehen Luzifer selbst. Manche Menschen denken, der Drache ist nur ein imaginäres Tier. Aber Drachen existieren in der Welt der bösen Geister. Nur sind sie unsichtbar, weil sie geistliche Wesen sind. Meist werden Drachen so beschrieben: mit Hörnern wie Wild, Augen wie Dämonen und Ohren wie von Rindern. Sie haben Schuppen auf der Haut und vier Beine. Sie sehen ähnlich wie riesige Reptilien aus.

Zur Zeit der Schöpfung hatten Drachen herrliche, lange, schöne Federn. Sie umgaben den Thron Gottes. Gott liebte sie wie Haustiere und sie blieben in Seiner Nähe. Sie hatten viel Kraft und Macht und ihnen unterstanden zahlreiche Cherubim. Doch als sie Gott zusammen mit Luzifer täuschten, wurden auch ihre Engel korrupt und stellten sich gegen Gott. Diese Engel der Drachen sehen jetzt genauso hässlich aus, wie die Tiere. Sie haben zusammen mit den Drachen Macht in der Luft und verführen Menschen zu sündigen und Böses zu tun.

Natürlich steht Luzifer an der Spitze der Welt der bösen Geister. Praktisch gesehen hat er allerdings diese Autorität an die Drachen und ihre Engel abgegeben, damit sie einerseits gegen die geistlichen Mächte kämpfen, die zu Gott gehören, und andererseits damit sie über die Luft herrschen. Seit langem verführen Drachen Menschen dazu, Drachenfiguren zu schnitzen, damit sie angebetet werden können. Heute vergöttern manche Religionen Drachen ganz offen. Ihre Anhänger beten sie an und werden von den Drachen kontrolliert.

In der Offenbarung 12,7-9 werden Drachen und ihre Engel wie folgt beschrieben:

Und es entstand ein Kampf im Himmel: Michael und seine Engel kämpften mit dem Drachen. Und der Drache kämpfte und seine Engel; und sie bekamen nicht die Übermacht, und ihre Stätte wurde nicht mehr im Himmel gefunden. Und es wurde geworfen der große Drache, die alte Schlange, der Teufel und Satan genannt wird, der den ganzen Erdkreis verführt, geworfen wurde er auf die Erde, und seine Engel wurden mit ihm geworfen.

Drachen stiften böse Menschen durch ihre Engel an. Solche Menschen schrecken vor nichts zurück, nicht einmal vor so schlimmen Verbrechen wie Mord und Menschenhandel. Die Engel des Drachens haben die Gestalt von Tieren, die in 3. Mose als Tiere beschrieben werden, welche Gott verabscheut. Das Böse wird auf verschiedene Art und Weise offenbart – je nach Tier, denn die Charaktere der Tiere unterscheiden sich – von grausam über schlau hin zu schmutzig oder solchen, die oft ihre Partner wechseln.

Luzifer wirkt durch die Drachen. Die Engel der Drachen gehorchen den Befehlen, die ihnen die Drachen geben. Vergleicht man Luzifer mit einem König, sind die Drachen wie ein Premierminister, der über den anderen Ministern steht, oder wie der Oberbefehlshaber einer Armee, der die administrative Kontrolle über die Soldaten hat. Wenn die Drachen einen Auftrag ausführen, bekommen sie nicht jedes Mal von Luzifer einen Befehl. Er hat bereits seine Gedanken in die Köpfe der Drachen gesät, sodass das, was die Drachen tun, automatisch dem Willen von Luzifer entspricht.

Satan hat das Herz und die Macht von Luzifer

Böse Geister können Menschen so sehr beeinflussen, dass ihre Herzen von der Finsternis besudelt sind, aber Dämonen und der Teufel provozieren die Menschen nicht von Anfang an. Erst arbeitet Satan an den Menschen, dann kommen der Teufel und schließlich die Dämonen. Anders ausgedrückt hat Satan das Herz von Luzifer. Es hat keine besonders große Form, aber es wird durch die Gedanken der Menschen wirksam. Satan hat die Macht der Finsternis so wie Luzifer; er sorgt dafür, dass Menschen böse Gedanken haben und böse Dinge tun wollen.

Da Satan ein geistliches Wesen ist (Hiob 1,6-7), arbeitet er gemäß der finsteren Eigenschaften, die eine Person hat. Bei denjenigen, die lügen, arbeitet er durch einen betrügerischen Geist (1. Könige 22,21-23). Bei denjenigen, die Streitigkeiten verursachen, arbeitet er durch solch einen Geist (1. Johannes 4,6).

Bei denen, die das schmutzige Werk des Fleisches mögen, wirkt er durch unreine Geister (Offenbarung 18,2).

Wie erläutert haben Luzifer, die Drachen und Satan verschiedene Rollen und Formen, aber sie haben einen Sinn und die gleiche Macht, um Böses zu tun. Nun wollen wir betrachten, wie Satan an den Menschen wirkt.

Satan ist wie eine Radiowelle, die in der Luft liegt. Er verbreitet seine Gedanken und Macht ständig in der Luft. So wie Radiowellen von einer Antenne aufgefangen werden, können finstere Gedanken und die Macht von Satan von denen empfangen werden, die dazu bereit sind. Die Antenne ist hier die Unwahrheit, das heißt die Finsternis, die in den Herzen der Menschen ist.

Beispielsweise kann Hass im Herzen wie eine Antenne funktionieren und den Hass aufnehmen, den Satan in der Luft verbreitet. Satan legt die Macht der Finsternis in Form von Gedanken in die Menschen hinein. Das geschieht, wenn Satans finstere Radiowelle und die Unwahrheit im Herzen eines Menschen dieselbe Frequenz haben und aufeinander treffen. Dadurch wird dann das unwahrhaftige Herz gestärkt und aktiv. An dieser Stelle spricht man davon, dass jemand „die Werke Satans empfängt" oder dass er die Stimme von Satan hört.

Wenn Menschen die Stimme Satans so hören können, sündigen sie in ihren Gedanken und sie leben diese Sünden schließlich auch praktisch aus. Wenn hasserfüllte und neidische Menschen Satans Werke empfangen, wollen sie anderen Schaden zufügen. Wenn sich diese Dinge weiter entwickeln, dann können sie sogar einen

Mord begehen.

Satan wirkt durch Gedanken

Der Mensch hat ein Herz der Wahrheit und der Unwahrheit. Wenn wir Jesus Christus als unseren Herrn und Retter annehmen und Kinder Gottes werden, kommt der Heilige Geist in unser Herz und wirkt an unserem Herzen der Wahrheit. So hören wir die Stimme des Heiligen Geistes in unserem Herzen. Dagegen wirkt Satan von außen. Somit braucht er einen Weg, um ins Herz des Menschen vorzudringen. Das tut er durch die Gedanken der Menschen.

Der Mensch akzeptiert das, was er sieht, hört und lernt; er speichert es zusammen mit Gefühlen im Verstand und im Herzen ab. In der richtigen Situation oder unter den richtigen Umständen werden diese Erinnerungen abgerufen. Das sind die Gedanken. Sie unterscheiden sich, je nachdem, was man gerade empfand, als etwas im Gedächtnis abgespeichert wurde. In ein- und derselben Situation speichern manche Menschen es gemäß der Wahrheit ab. Dementsprechend haben sie wahre Gedanken. Andere speichern das Ganze als Unwahrheit ab und haben so unwahre Gedanken.

Die meisten Leute bekommen die Wahrheit aus dem Wort Gottes nicht gelehrt. Darum haben sie viel mehr Unwahrheiten als Wahrheiten im Herzen. Solche Menschen motiviert Satan und stiftet sie zu unwahren Gedanken an. Das sind „fleischliche Gedanken". Wenn Menschen die Werke Satans empfangen, können sie dem Gesetz Gottes nicht gehorchen. Sie sind durch die Sünde zu Sklaven geworden und sterben am Ende als solche (Römer 6,16 und 8,6-7).

Wie erlangt Satan die Kontrolle über das Herz eines Menschen?

Allgemein wirkt Satan von außen über die Gedanken des Menschen, aber es gibt auch Ausnahmen. Zum Beispiel lesen wir in der Bibel, dass Satan in Judas Iskariot eindrang, der einer der zwölf Jünger des Herrn Jesus war. Dass Satan in Judas fuhr bedeutet, dass dieser das Wirken von Satan fortwährend akzeptierte und ihm schließlich sein ganzes Herz gab. So wurde er vollkommen von Satan gefangen genommen.

Judas Iskariot hatte die erstaunliche Macht Gottes erlebt. Als Nachfolger Jesu wurde er voller Güte gelehrt, aber er legte seine Gier nicht ab, sondern stahl Gottes Geld aus der Kasse (Johannes 12,6).

Er wollte auch Ehre und Macht bekommen, sobald der Messias, Jesus, Seinen Thron auf Erden besteigen würde. Doch die eigentlichen Tatsachen waren anders als das, was er erwartet hatte. So ließ er zu, dass Satan seine Gedanken kontrollierte. Am Ende wurde sein Herz vollkommen von Satan gefangen genommen und er verkaufte seinen Herrn und Meister für 30 Silberstücke. Wir sprechen davon, dass Satan in jemanden gefahren ist, wenn dieser die vollkommene Kontrolle über dessen Herz hat.

In der Apostelgeschichte 5,3 sagt Petrus, dass die Herzen von Hananias und Saphira von Satan erfüllt waren, dass sie einen Teil des Geldes versteckt und den Heiligen Geist belogen hatten.

Petrus sagte dies, weil es vorher viele ähnliche Fälle gegeben hatte. Es gibt Formulierungen wie „Satan ist in jemanden gefahren" oder jemandes „Herz ist von Satan erfüllt" worden. Das bedeutet, dass diese Leute Satan persönlich in ihrem Herzen haben; sie sind so geworden, wie Satan. Geistlich betrachtet sieht Satan wie dunkler Nebel aus. Die Energie der Finsternis, die wie Rauch ist, umgibt die Menschen, die die Werke Satans in großem Ausmaß empfangen. Um die Werke Satans nicht zu empfangen, müssen wir zunächst alle Gedanken der Unwahrheit abschneiden. Auch müssen wir das Herz der Unwahrheit herausreißen. Im Grunde genommen heißt das, dass wir die Antenne entfernen müssen, die die „Radiowellen" von Satan empfangen kann.

Der Teufel und Dämonen

Als Teufel ist der Teil der Engel zu bezeichnen, die mit Luzifer fielen. Anders als Satan, haben sie eine bestimmte Gestalt – mit Gesicht, Augen, Nase und Mund wie die Engel. Auch haben sie Hände und Füße. Der Teufel verführt Menschen zur Sünde und führt sie in Prüfungen und Drangsal.

Das heißt aber nicht, dass der Teufel in die Menschen hineingeht, um etwas zu tun. Gemäß der Anweisungen von Satan kontrolliert der Teufel Menschen, die ihr Herz der Finsternis übergeben haben, und bringt sie dazu, böse Taten zu begehen, die inakzeptabel sind. Allerdings kontrolliert der Teufel bestimmte Leute manchmal schon wie ein Werkzeug. Diejenigen, die ihren Geist an den Teufel verkauft haben, wie etwa Hexer und Zauberer, werden vom Teufel kontrolliert. Sie sind seine Instrumente. Sie bringen auch andere Menschen dazu, die Werke des Teufels zu tun. Darum sagt die Bibel, dass diejenigen, die Sünden begehen, zum Teufel gehören (Johannes 8,44; 1. Johannes 3,8).

In Johannes 6,70 heißt es: *„Jesus antwortete ihnen: Habe ich nicht euch, die Zwölf, erwählt? Und von euch ist einer ein Teufel."* Jesus meinte damit Judas Iskariot, der Ihn später verkaufte. Jemand, der zum Sklaven der Sünde geworden ist und nichts mit Errettung im Sinn hat, ist ein Sohn des Teufels. Nachdem Satan in Judas hineingefahren war und sein Herz kontrollierte, tat dieser die Werke des Teufels; er sollte Jesus verkaufen. Der Teufel ist wie ein Manager der Mittelschicht, der Anweisungen von Satan bekommt. Indem er viele Dämonen kontrolliert, sorgt er dafür, dass Menschen Krankheiten bekommen, Schmerzen haben und dass sie immer mehr dem Bösen verfallen.

Satan, der Teufel und Dämonen haben eine Hierarchie. Sie arbeiten eng zusammen. Zunächst arbeitet Satan an den unwahren Gedanken der Menschen, um damit dem Teufel den Weg zu bahnen, sodass dieser wirken kann. Anschließend arbeitet der Teufel daran, Menschen zu Werken des Fleisches und anderen Werken des Teufels zu verführen. Satan wirkt durch Gedanken, der Teufel bringt die Menschen dann dazu, diese Gedanken in die Tat umzusetzen. Wenn die bösen Taten ein bestimmtes Maß übersteigen, fahren bald Dämonen in solche Menschen. Wenn das geschieht, verlieren sie ihren freien Willen und werden zu Marionetten der Dämonen.

Die Bibel impliziert, dass Dämonen böse Geister sind, sich aber von gefallenen Engeln und Luzifer unterscheiden (Psalm 106,28; Jesaja 8,19; Apostelgeschichte 16,16-19; 1. Korinther 10,20). Dämonen waren einst Menschen, die Geist, Seele und Leib hatten. Manche Menschen, die auf dieser Erde leben und sterben, ohne gerettet zu werden, kehren unter gewissen, besonderen Umständen als Dämonen wieder auf die Erde zurück. Die meisten Menschen haben keine klaren Vorstellungen über böse Geister. Doch die bösen Geister versuchen dennoch, Menschen vor dem letzten Tag, den Gott festgelegt hat, auf den Weg der Zerstörung zu führen.

Darum lesen wir in 1. Petrus 5,8: „*Seid nüchtern, wacht! Euer Widersacher, der Teufel, geht umher wie ein brüllender Löwe und sucht, wen er verschlingen kann.*" Und im Epheserbrief 6,12 heißt es: „*Denn unser Kampf ist nicht gegen Fleisch und Blut, sondern gegen die Gewalten, gegen die Mächte, gegen die Weltbeherrscher dieser Finsternis, gegen die geistigen Mächte der Bosheit in der Himmelswelt.*"

Wir müssen wachsam sein und allezeit einen nüchternen Geist bewahren, denn wenn wir uns in unserem Leben von der Macht der Finsternis leiten lassen würden, könnten wir nicht anders, als dem Weg des Todes zu verfallen.

Kapitel 2

Das Selbst

Selbstgerechtigkeit entsteht,
wenn wir die Unwahrheit der Welt als Wahrheit gelehrt bekommen.
Bei der Bildung von Selbstgerechtigkeit wird ein mentaler Rahmen geschaffen.
Dieser dient wiederum der systematischen Festigung der eigenen
Selbstgerechtigkeit.

Bis das „Selbst" gebildet wird

Selbstgerechtigkeit und Maßstäbe

Eine Seele, die wahrhaftig reagiert

Ich sterbe täglich

Folgendes begab sich zu der Zeit, bevor ich den Herrn annahm. Ich kämpfte jeden Tag gegen meine Krankheit an und die einzige Freude, die mir blieb, war die Lektüre von Romanen über Kampfkunst.

Typischerweise war die Handlung etwa so: Als er noch ein kleiner Junge war, tötete der Feind seine Eltern. Er entkommt dem Massaker gerade so – dank eines Hausdieners. In jungen Jahren lernt er seinen Kampfsportlehrer kennen. Dann wird er selbst einer und nimmt Rache am Feind wegen der Ermordung seiner Eltern. In diesen Romanen wird es als gerecht und heldenhaft dargestellt, wenn jemand sich rächt, selbst wenn er dabei sein eigenes Leben riskiert. Doch in der Bibel ist die Lehre Jesu ganz anders als da, was die Welt lehren will.

Jesus lehrt in Matthäus 5,43-45: *„Ihr habt gehört, dass gesagt ist: Du sollst deinen Nächsten lieben und deinen Feind hassen. Ich aber sage euch: Liebt eure Feinde, und betet für die, die euch verfolgen, damit ihr Söhne eures Vaters seid, der in den Himmeln ist! Denn er lässt seine Sonne aufgehen über Böse und Gute und lässt regnen über Gerechte und Ungerechte."*

Das Leben, das ich geführt hatte, war ein gutes und ehrliches.

Die meisten Leute hätten bestätigt, dass ich eine freundliche Person war, die gar kein Gesetz brauchte. Doch nachdem ich den Herrn angenommen hatte und mich auf einer Erweckungsveranstaltung während der Predigt im Spiegel von Gottes Wort betrachtete, wurde mir klar, dass in meinem Leben viele Dinge falsch waren. Ich schämte mich sehr, denn mir wurde klar, dass mein Reden, mein Verhalten, meine Gedanken und mein Gewissen schlecht waren. Ich tat vor Gott gründlich Buße, denn mir war klar geworden, dass mein Leben ganz und gar nicht gerecht war.

Seither bin ich wachsam; wenn ich bei mir Selbstgerechtigkeit oder Gedankengebäude entdecke, zerstöre ich sie. Ich verleugnete mein „Selbst", das ich mir aufgebaut hatte, und erachtete es als nichts. Beim Lesen der Bibel wurde mein „Selbst" neu aufgebaut – und zwar mit der Wahrheit. Ich fastete und betete ohne Unterlass, um die Unwahrheit aus meinem Herzen zu vertreiben. Nach einiger Zeit stellte ich fest, dass die Bosheit aus mir vertrieben worden war. Ich konnte die Stimme des Heiligen Geistes hören und Seine Führung und Leitung empfangen.

Bis das „Selbst" gebildet wird

Wie bilden Menschen ihre Herzen und wie legen sie ihre Werte fest? Als erstes gibt es Faktoren, die man erbt. Kinder ähneln ihren Eltern. Sie erben ihr Aussehen, ihre Gewohnheiten, Persönlichkeiten und andere genetische Eigenschaften von ihnen. In Korea sagt man, wir bekämen das Blut unserer Eltern. Aber eigentlich ist es nicht das Blut, sondern die Lebensenergie, die „Chi" genannt wird. Chi ist ein Kristalloid der gesamten Energie, die aus dem ganzen Körper kommt. Ich kenne eine Familie, deren Sohn ein großes Geburtsmal über der Lippe hat. Seine Mutter hatte früher genauso eins an der gleichen Stelle. Sie ließ es aber operativ entfernen. Obwohl sie es bei sich hatte entfernen lassen, wurde es dennoch auf ihren Sohn vererbt.

Im Sperma und im Ei des Menschen ist die Energie des Lebens. Sie enthalten nicht nur die äußere, körperliche Gestalt, sondern auch Persönlichkeit, Temperament, Intelligenz und Gewohnheiten. Wenn das Chi des Vaters bei der Empfängnis stärker ist, ähnelt das Kind mehr dem Vater, anders herum ähnelt es der Mutter mehr. So ist das Herz von jedem Kind anders.

Wenn jemand heranwächst und reif wird, lernt er viele Dinge, die in sein Herz gehen. Im Alter von ungefähr fünf Jahren bildet sich die Person an sich, das Selbst, heraus – und zwar durch das, was die Person gesehen, gehört und gelernt hat. Im Alter von etwa zwölf Jahren legt der Mensch die Werte fest, gemäß denen er richtet. Mit etwas 18 Jahren verfestigt sich das Selbst noch mehr. Dabei ist das Problem, dass wir vieles, was falsch ist, als richtig ansehen. Darum prägen wir es uns als Wahrheit ein.

Es gibt in der Welt viele unwahre Dinge, die wir lernen. Natürlich lernen wir in der Schule viele nützliche Dinge, die wir im Leben brauchen, aber es wird auch manches gelehrt, was nicht wahr ist, wie beispielsweise die Evolution nach Darwin. Wenn Eltern ihre Kinder lehren, vermitteln sie ihnen auch

Dinge, die nicht wahr sind, als wären sie wahr. Stellen Sie sich vor, ein Kind ist draußen und wird von einem oder mehreren anderen Kinder geschlagen. Frustriert sagen die Eltern: „Du isst drei Mal am Tag wie alle anderen Kinder und solltest genauso stark sein. Also warum hast du dich schlagen lassen? Wenn sie dich einmal schlagen, schlag zweimal zurück! Hast du keine Hände und Füße wie die anderen Kinder? Du musst lernen, auf dich selbst zu achten."

Es erniedrigt Kinder, wenn sie von ihren Freunden verprügelt werden. Welche Art von Bewusstsein entwickeln solche Kinder? Wahrscheinlich fühlen sie sich wie törichte Tölpel und es wäre falsch, anderen zu erlauben, sie zu schlagen. Wenn andere Kinder sie bereits einmal gehauen haben, dann meinen die, eben diese Kinder hätten das Recht, sie ein zweites Mal zu schlagen. Anders ausgedrückt verbuchen sie etwas Böses, als wäre es rechtens.

Wie sollten Eltern, die der Wahrheit folgen, ihre Kinder unterweisen? Sie sollten die Situation prüfen und sie mit Güte und Wahrheit lehren, so dass sie Frieden haben. Sie könnten zum Beispiel sagen: „Mein kleiner Schatz, versuche bitte, sie zu verstehen. Und vielleicht hast du ja auch etwas falsch gemacht. Gott will, dass wir Böses mit Gutem überwinden."

Wenn Kinder in allen Lebenslagen nur das Wort Gott beigebracht bekommen, können sie ein gutes Gewissen entwickeln. Doch leider bringen die meisten Eltern ihren Kindern Unwahrheiten und Lügen bei. Wenn die Eltern lügen, tun die Kinder es auch. Stellen Sie sich vor, das Telefon klingelt und Ihre Tochter nimmt ab. Sie legt ihre Hand auf die Muschel, so dass der Anrufer sie nicht hören kann. Dann sagt sie: „Papa, Onkel Tom verlangt nach dir." Daraufhin sagt der Vater zu seiner Tochter: „Sage ihm, ich bin nicht zu Hause."

Die Tochter fragt den Vater, bevor sie ihm den Hörer gibt nur deshalb, weil sich die gleiche Situation schon oft ergeben hat. Kindern werden also bereits in jungen Jahren viele Unwahrheiten beigebracht. Zusätzlich dazu entwickeln sie diese Unwahrheiten noch weiter, indem sie auf der Grundlage ihrer eigenen Gefühle richten und verdammen. So bildet sich ein unaufrichtiges Gewissen heraus.

Darüber hinaus sind die meisten Menschen ichbezogen. Sie sind nur auf ihren eigenen Vorteil aus und denken, sie haben Recht. Wenn die Absichten oder Vorstellungen anderer Leute nicht mit ihren eigenen übereinstimmen, meinen sie, die anderen hätten Unrecht. Die anderen denken dabei wiederum genauso. Wenn alle so denken, ist es schwierig, sich einig zu werden. Das Gleiche trifft auch auf Menschen zu, die sich sehr nahe stehen, wie zum Beispiel Ehemann und Ehefrau oder Eltern und Kinder. Da die meisten Leute ihre eigene Person, ihr „Selbst", auf diese Weise entwickeln, sollte niemand der Überzeugung sein, er „selbst" habe immer Recht.

Selbstgerechtigkeit und Maßstäbe

Die meisten Menschen legen ihre Standards oder ihr

Wertesystem auf der Grundlage von Unwahrheiten in ihrer Seele fest. Dementsprechend leben sie aus ihrer Selbstgerechtigkeit heraus und legen ihre eigenen Maßstäbe an. Des Weiteren basiert ihre Selbstgerechtigkeit auf Unwahrheiten, die sie von der Welt abgekupfert haben und die sie als Wahrheit ansehen. Diejenigen, die eine derartige Selbstgerechtigkeit an den Tag legen, bilden sich nicht nur wegen ihrer eigenen Standards ein, recht zu haben, sondern versuchen auch in ihrer Selbstherrlichkeit anderen ihre Meinungen und Glaubensansichten aufzuzwingen.

Wenn diese Selbstgerechtigkeit sich verhärtet, wird sie zu einem Rahmen oder Maßstab. Das heißt, die Selbstgerechtigkeit bekommt eine Struktur, die auf der Persönlichkeit, dem Geschmack, der Art und Weise, den Theorien und Gedanken dieser Person beruht. In Situationen, in denen beide Optionen okay wären, jemand aber auf nur einer davon besteht, wird dies zu einer Struktur, wenn derjenige seine Ansicht verfestigt. Daraus entwickelt sich eine Neigung, den Leuten freundlicher zu begegnen, die ähnliche Prioritäten, Persönlichkeiten und Vorlieben haben; gleichzeitig gibt es die Tendenz, denjenigen mit weniger Toleranz zu begegnen, die nicht mit einem übereinstimmen. Der Grund ist dieser persönliche „Rahmen", den sich jemand gesteckt hat.

Dieser Rahmen kann sich im Alltag in verschiedenen Formen zeigen. Ein frisch vermähltes Paar streitet über Kleinigkeiten. Der Mann meint, man muss die Zahnpasta von unten drücken, während die Frau einfach irgendwo drückt. Wenn einer von beiden auf seiner Methode besteht, kommt es wahrscheinlich zu einem Konflikt. Solche Konflikte haben ihren Ursprung in den Rahmen seiner Gewohnheiten, die sich von denen des anderen unterscheiden.

Stellen Sie sich vor, ein Mitarbeiter in einer Firma macht alles alleine, ohne die Hilfe anderer. Manche haben diese Angewohnheit, weil sie unter schwierigen Umständen aufgewachsen sind und gezwungen waren, allein zu arbeiten. Der Grund ist nicht, dass sie arrogant sind. Wenn Sie also so jemanden als arrogant oder ichbezogen einstufen, stimmt Ihr Urteil nicht.

In den meisten Fällen stimmt in Anbetracht der Wahrheit weder die Selbstgerechtigkeit noch der persönliche Rahmen oder Maßstab. Der Fehler liegt in einem unwahren Herzen, welches anderen Menschen nicht dienen will und auf den eigenen Vorteil aus ist. Sogar Gläubige haben Selbstgerechtigkeit und Rahmen, derer sie sich gar nicht bewusst sind.

Sie bilden sich ein, sie würden auf das Wort Gottes hören und die Wahrheit kennen. Mit diesem Wissen zeigen sie ihre Selbstgerechtigkeit. Sie richten andere Menschen dafür, wie sie ihr Glaubensleben führen. Auch vergleichen sie sich mit anderen und denken, sie seien besser als sie. Früher haben sie nur das Gute in anderen gesehen, doch später ändern sie sich und sehen stattdessen ihre Fehler. Sie bestehen auf ihrer Meinung, sagen aber, sie tun dies „für das Königreich Gottes."

Manche Leute reden, als wüssten sie alles und als seien sie (aus sich selbst heraus) gerecht. Sie sprechen immer über die Fehler anderer und verurteilen sie. Das heißt, sie sehen ihre eigenen Fehler nicht, wohl aber die der anderen.

Bevor wir durch die Wahrheit vollkommen verändert werden können, muss uns klar sein, dass wir alle selbstgerecht waren und unsere Rahmen oder Maßstäbe gesteckt hatten. In dem Maße, wie wir Böses im Herzen haben, funktioniert unsere Seele in der Unwahrheit, nicht in der Wahrheit. Deshalb verurteilen und verdammen wir andere in unserer Selbstgerechtigkeit und mit unseren Rahmenvorstellungen. Bevor wir geistlich wachsen können, müssen wir unsere Gedanken und Theorien als null und nichtig ansehen. Wir müssen unsere Selbstgerechtigkeit zerstören ebenso wie die Rahmen, die wir gesetzt haben und unsere Seele in der Wahrheit agieren lassen.

Die Seele in der Wahrheit agieren lassen

Wir können geistlich wachsen und zu wahren Kindern Gottes werden, wenn wir unsere Seele nicht länger in der Unwahrheit agieren lassen. Was müssen wir also tun, um unsere Seele in Wahrhaftigkeit reagieren und funktionieren zu lassen?

Zunächst einmal müssen wir alles gemäß dem Standard der Wahrheit erkennen und unterscheiden können.

Das Gewissen der Menschen ist unterschiedlich und die

Standards der Welt unterscheiden sich ebenfalls in Bezug auf Zeit, Ort und Kultur. Selbst wenn Sie richtig agieren, könnte es sein, dass andere Menschen mit anderen Wertvorstellungen das als nicht richtig einstufen.

Menschen bilden ihre Wertvorstellungen und akzeptablen Verhaltensweisen in unterschiedlichen Umgebungen und Kulturen. Deswegen dürfen wir bei ihnen nicht unsere eigene Messlatte anlegen. Der einzig wahre Standard, mit dem wir richtig und falsch, also die Wahrheit und die Unwahrheit, unterscheiden können, ist das Wort Gottes, die Wahrheit selbst.

Bei den Dingen, die die Menschen in der Welt als richtig und falsch ansehen, gibt es so Manches, was mit der Bibel übereinstimmt; doch bei vielen anderen Dingen ist das nicht so. Stellen Sie sich vor, einer Ihrer Freunde begeht ein Verbrechen, aber jemand anders wird dessen fälschlicherweise beschuldigt. In diesem Fall würden die meisten Menschen denken, es sei in Ordnung, zu der Schuld ihres Freundes zu schweigen. Doch wenn Sie nichts sagen, obwohl Sie wissen, dass ein Unschuldiger ungerechterweise angeklagt wurde, wird Ihr Handeln in den Augen Gottes nie gerecht sein.

Wenn ich, bevor ich an Gott glaubte, jemanden um die Mittagszeit besuchte und gefragt wurde, ob ich schon gegessen hätte, sagte ich meisten: „Ja, ich habe schon gegessen." Mir wäre nie in den Sinn gekommen, dass das nicht richtig war, denn ich sagte es ja nur, damit es der anderen Person nicht unangenehm war. Geistlich gesehen kann dies jedoch in Gottes Augen ein Makel sein, denn es stimmt nicht ganz, auch wenn es keine Sünde ist. Nachdem es mir klar wurde, formulierte ich es anderes: „Ich habe noch nicht gegessen, aber ich möchte jetzt nichts."

Um alles im Licht der Wahrheit betrachten zu können, müssen wir dem Wort der Wahrheit zuhören, es lernen und in unseren Herzen bewahren. Wir sollten die Bibel lesen und alle Standards ablegen, die durch die Unwahrheiten in dieser Welt geprägt wurden. Egal, wie weise etwas in dieser Welt klingen mag, wenn es gegen das Wort Gottes ist, sollten wir es verwerfen.

Zweitens: Bevor unsere Seele gemäß der Wahrheit reagieren kann, müssen unsere Gefühle oder Emotionen mit der Wahrheit im Einklang stehen.

Wie wir Dinge aufnehmen, spielt eine wichtige Rolle, wenn wir möchten, dass unsere Gefühle mit der Wahrheit im Einklang stehen. Ich hörte einmal, wie eine Mutter ihr Kind ausschimpfte: „Wenn du das tust, wird dich der Pastor ausschimpfen." Damit suggerierte sie ihrem Kind, man müsse sich vor dem Pastor fürchten. Das Kind hat dann etwas Angst und versucht, den Pastor zu meiden, anstatt im Laufe seiner Jugend in der Nähe des Pastors zu bleiben.

Vor langer Zeit sah ich einmal eine Szene in einem Film. Ein Mädchen war sehr vertraut mit einem Elefanten und er legte den Rüssel oft um den Hals des Mädchens. Während das Mädchen schlief, kam eines Tages eine giftige Schlange und legte sich um ihren Hals. Wenn sie gewusst hätte, dass es eine Giftschlange war, hätte sie eine Riesenangst gehabt. Aber ihre Augen waren noch zu und sie dachte, es wäre der Rüssel des Elefanten. Darum war sie auch gar nicht überrascht. Sie dachte, es wäre eine freundliche Geste. Was wir fühlen, hängt von dem ab, was wir denken!

Gefühle ändern sich gemäß dem, was wir denken. Menschen, die sich vor Würmern oder Tausendfüßlern ekeln, finden gebratene Hühnchen lecker, obwohl Hühner Würmer fressen. Daran erkennt man, wir unsere Gefühle von dem abhängen, was wir denken. Egal, wen wir sehen oder welcher Arbeit wir nachgehen, sollten wir gute Gedanken und Gefühle haben.

Am wichtigsten ist Folgendes: Um Gutes denken und fühlen zu können, müssen wir sicherstellen, dass wir nur Gutes ansehen, anhören und in unsere Herzen hineinlassen. Das gilt vor allem heutzutage, wo es in den Medien und im Internet praktisch alles zu sehen gibt. Wie nie zuvor existieren heute um uns herum Böses, Grausamkeiten, Gewalt, Betrug, Ichbezogenheit, List und Verrat. Um überhaupt in der Wahrheit bleiben zu können, ist es besser, wenn wir uns soweit möglich, derartige Dinge gar nicht erst ansehen, anhören und schon gar nicht in unser Herz lassen. Doch selbst wenn uns diese Dinge begegnen, können wir gemäß der Wahrheit richtig und in Güte darauf reagieren. „Aber wie?", fragen Sie?

Diejenigen, die sich als Kinder furchterregende Geschichten

über Dämonen und Vampire angehört haben, haben davor Angst, besonders, wenn sie allein im Dunkeln sind, nachdem sie einen Horrorfilm angeschaut haben. Sie zittern vielleicht oder bekommen Panik, wenn sie ein merkwürdiges Geräusch hören oder einen unheimlichen Schatten sehen. Wenn sie allein sind, passiert vielleicht etwas ganz Unwichtiges, aber sie erleiden vor Angst einen Schock.

Wenn wir dagegen im Licht leben, beschützt uns Gott und böse Geister können uns nichts anhaben. Stattdessen fürchten sie sich und zittern angesichts des geistlichen Lichtes, das aus uns herausströmt. Sind wir uns dieser Tatsache bewusst, können wir unsere Gefühle ändern. Da wir die Welt der Finsternis überwinden können, können wir Dämonen, falls sie auftauchen, einfach wegjagen – in dem Namen Jesu Christi.

Lassen Sie uns noch einen Fall anschauen, wo Menschen falsche Gefühle haben. Vor zirka 20 Jahren war ich mit Gemeindemitgliedern auf einer Pilgerreise. In einem Stadion in Griechenland war die Statue eines nackten Mannes zu sehen. Die Inschrift ermutigte zu Training und Sport für gesunde Menschen, denn sie seien die Grundlage einer gesunden Nation. Ich konnte den Unterschied zwischen den Touristen aus anderen europäischen Ländern und unseren Gemeindemitgliedern sehen.

Manche unsere Frauen ließen sich ungeniert vor der Statue fotografieren, andere weibliche Gemeindemitglieder dagegen liefen rot an und schämten sich. Sie mieden die Statue, als hätten sie etwas gesehen, was sie nicht hätten sehen sollen. Der Grund, warum sie rot anliefen, war, dass sie unreine Gedanken hatten. Sie haben falsche Gefühle über das Nacktsein und erlebten diese, als sie die Statue des Nackten sahen. Sie verurteilen vielleicht sogar andere Menschen, die sich die Statue genau anschauen. Den Touristen aus Europe dagegen schien es überhaupt nicht peinlich oder unangenehm zu sein. Stattdessen sahen sie in der Statue ein herausragendes Kunstwerk.

In diesem Falle sollte niemand die Touristen aus Europa verurteilen oder als schamlos bezeichnen. Wenn wir andere Kulturen kennen und falsche Gefühle in richtige verwandeln, braucht uns nichts peinlich sein und wir brauchen uns nicht zu schämen. Adam lebte nackt, er dachte nicht ans Fleisch, denn seine Gedanken waren nicht unrein; seine Art zu leben, war schöner.

Drittens: Um unsere Seele gemäß der Wahrheit agieren lassen zu können, sollten wir Dinge nicht nur aus unserer eigenen Perspektive sehen, sondern auch aus der von anderen Menschen.

Wenn Sie Dinge und Situationen nur von Ihrem Standpunkt, auf Grund Ihrer Erfahrung und Ihrer Denkweise akzeptieren, wird die Seele in der Unwahrheit agieren. Sie fügen dann den Worten von anderen Leuten Dinge hinzu oder lassen sie weg – entsprechend Ihrer eigenen Gedanken. So können Sie Dinge missverstehen, verurteilen, verdammen und für schlechte

Gefühle sorgen.

Stellen Sie sich vor, wie sich jemand, der bei einem Unfall verletzt wurde, mächtig über seine Schmerzen beklagt. Menschen, die solche Schmerzen nicht kennen oder einen große Schmerzschwelle haben, denken vielleicht, derjenige übertreibe maßlos. Wenn Sie die Äußerungen anderer nur basierend auf Ihrem eigenen Standpunkt oder Ihren Erfahrungen akzeptieren, wird Ihre Seele nicht wahrheitsgemäß reagieren. Wenn Sie sich dagegen bemühen, den Standpunkt von anderen Leuten zu verstehen, können Sie auch die Schmerzen, die sie empfinden, nachvollziehen.

Wenn Sie die Situation von jemand anderem verstehen und ihn akzeptieren, werden Sie mit allen Frieden haben. Sie bräuchten ihn nicht zu hassen oder an etwas festhalten, was unangenehm ist. Selbst wenn Sie von einer anderen Person verletzt oder wegen ihr Widrigkeiten erleben würden, bräuchten Sie diese Person – wenn Sie denn tatsächlich zuerst an sie dächten – nicht zu hassen. Stattdessen würden Sie sie weiter lieben und ihr gegenüber barmherzig sein. Wenn Sie die Liebe Jesu kennen, der für uns gekreuzigt wurde, ebenso wie die Gnade Gottes, dann können Sie auch Ihre Feinde lieben. Das war bei Stephanus so. Selbst als er unschuldigerweise gesteinigt wurde, hasste er diejenigen, die ihn steinigten, nicht – nein, er betete er für sie.

Manchmal merken wir vielleicht, dass es gar nicht so einfach ist, die Seele in Wahrhaftigkeit agieren zu lassen, wie wir uns das wünschen würden. Darum müssen wir bei dem, was wir sagen und tun, immer wachsam sein und uns bemühen, Unwahrhaftiges zu ändern und in Wahrhaftigkeit zu handeln. Durch die Gnade und Kraft Gottes und im Gebet mit der Hilfe des Heiligen Geistes können wir wahrhaftig agieren und uns weiterhin darin üben.

Ich sterbe täglich

Zu einer gewissen Zeit verfolgte der Apostel Paulus Christen, weil er äußerst selbstgerecht war und eine vorgefertigte Meinung hatte. Doch nachdem er dem Herrn begegnet war, wurden ihm seine Selbstgerechtigkeit und seine festgefahrenen Vorstellungen bewusst. Er demütigte sich so sehr, dass er all sein bisheriges Wissen als Dreck bezeichnete. Zunächst hatte er in seinem Herzen Kämpfe erlebt, als er erkannte, dass es darin Böses gab, das gegen den Teil von ihm kämpfte, der Gutes wollte (Römer 7,24).

Doch er sprach ein Dankgebet und glaubte, dass das Gesetz des Lebens und der Heilige Geist ihn durch Christus Jesus vom Gesetz der Sünde und des Todes frei gemacht hatten. In Römer 7,25 schreibt er: *„Ich danke Gott durch Jesus Christus, unseren Herrn! Also diene ich nun selbst mit dem Sinn dem Gesetz Gottes, mit dem Fleisch aber dem Gesetz der Sünde"* und in 1. Korinther 15,31 heißt es: *„Täglich sterbe ich, so wahr ihr mein Ruhm seid, Brüder, den ich in Christus Jesus, unserem Herrn,* *habe."*

Er sagte: „Ich sterbe täglich." Das bedeutet, er beschnitt sein Herz jeden Tag. Genauer gesagt, verwarf er Unwahrheiten in sich, wie Stolz, Selbstbehauptung, Hass, Richten, Zorn, Arroganz und Gier. Er bekannte, dass er diese Dinge abwarf, indem er dagegen bis zum Blutvergießen ankämpfte. Gott schenkte ihm Gnade und Kraft; mit der Hilfe des Heiligen Geistes wurde er zu einem geistlichen Mann verändert, dessen Seele gemäß der Wahrheit agierte. So wurde er zum mächtigsten Apostel; er verbreitete das Evangelium mit Zeichen und Wundern.

Die Dinge des Fleisches

Manche Menschen begehen Sünden,
wie Neid, Eifersucht, Verurteilen,
Verdammen oder Ehebruch in ihren Gedanken.
Das ist nicht äußerlich sichtbar,
aber sie haben diese Sünden trotzdem begangen,
weil sie sündige Eigenschaften in sich haben.

Das Fleisch und die Werke des Leibes

Die Bedeutung von: „Das Fleisch ist schwach."

Die Dinge des Fleisches: In Gedanken begangene Sünden

Die Lust des Fleisches

Die Lust der Augen

Der angeberische Stolz des Lebens

Bei Menschen, deren Geist tot ist, wird die Seele zum Meister und herrscht über den Leib. Stellen Sie sich vor, Sie haben Durst und wollen etwas trinken. In dem Fall befielt die Seele der Hand, dass sie das Glas nimmt und an Ihren Mund führt. Wenn Sie just in dem Moment jemand beleidigt und Sie sich darüber ärgern, wollen Sie das Glas vielleicht kaputt machen. Welche Art von Reaktion wäre das?

Genau das passiert, wenn Satan die vom Fleisch gesteuerte Seele anstachelt. Menschen empfangen die Werke des Feindes in dem Maße, wie sie Unwahrheit in ihnen herrscht. Wenn sie die Werke Satans annehmen, haben sie nicht nur unwahre Gedanken. Auch ihr unwahres Handeln ist ein Indiz für das Werk des Teufels.

Der Gedanke, das Glas zu zerstören, kam von Satan, und wenn Sie es tatsächlich zerbrechen, ist das das Werk des Teufels. Einen solchen Gedanken bezeichnet man als „Sache des Fleisches" und die entsprechende Handlung ist „das Werk des Fleisches". Der Grund dafür, dass manche Seelen gemäß der Unwahrheit denken und handeln, ist die sündige Natur, die vom Feind, Satan, eingepflanzt wurde – nach dem Sündenfall Adams.

So wirken seither beide zusammen durch Menschen.

Das Fleisch und die Werke des Leibes

In Römer 8,13 heißt es: „*...denn wenn ihr nach dem Fleisch lebt, so werdet ihr sterben, wenn ihr aber durch den Geist die Handlungen des Leibes tötet, so werdet ihr leben.*"

Hier bedeutet „ihr werdet sterben", dass Sie dem ewigen Tod, also der Hölle, begegnen werden. Mit „Fleisch" ist also nicht der physische Körper allein gemeint. Es hat auch eine geistliche Bedeutung.

Wenn wir, wie es danach heißt, die Werke des Leibes töten – in der Kraft des Heiligen Geistes – dann werden wir leben. Soll das heißen, dass wir mit allem aufhören müssen, was der Leib tut, wie hinsetzen, hinlegen, essen undsoweiter? Nein, natürlich nicht! Hier ist mit „Leib" die Hülle gemeint, aus der das Wissen über den Geist, den Gott den Menschen gab, herauskam. Um die geistliche Botschaft dahinter verstehen zu können, müssen wir herausfinden, was für eine Art Wesen Adam war.

Als Adam ein lebendiger Geist war, war sein Leib wertvoll und unvergänglich. Er wurde nicht alt und hätte nicht sterben oder vergehen können. Er hatte einen strahlend schönen geistlichen Leib. Sein Verhalten war würdevoller als das eines Adligen auf der Erde. Doch nachdem die Sünde in ihn eingedrungen war und wegen seiner eigenen Sünde, wurde sein Leib unwürdig und unterschied sich nicht mehr von dem der Tiere.

Als lebendiger Geist kannte Adam nur die Wahrheit – wie Liebe, Güte, Wahrhaftigkeit, Gerechtigkeit und das Licht Gottes – allesamt ein Geschenk von Gott. Doch als sein Geist starb, sickerte die Erkenntnis der Wahrheit aus ihm heraus und anstatt neuer Wahrheiten, bekam er vom Feind, dem Satan, fleischliche Dinge eingeflößt. Durch diese Unwahrheiten veränderte er sich, denn sie waren zu einem Teil von ihm geworden. Es heißt: „Durch den Geist werden die Werke des Leibes getötet." An dieser Stelle stehen die „Werke des Leibes" für Handlungen, die aus dem Leib stammen – in Kombination mit Unwahrheiten.

Es gibt Menschen, die die Faust erheben, Türen zuschlagen oder anderweitig ungehobeltes Verhalten an den Tag legen, wenn sie zornig sind. Andere Leute benutzen in jedem Satz Kraftausdrücke. Manche schauen das andere Geschlecht lüstern an oder verhalten sich unzüchtig.

Die Taten des Leibes beziehen sich nicht nur auf eindeutig begangene Sünden, sondern auf alle Handlungen, die in Gottes Augen nicht vollkommen sind. Manche Menschen zeigen im Gespräch unbewusst mit dem Finger auf Leute oder Dinge. Andere werden laut, wenn sie mit Leuten reden – und zwar so laut, dass es sich anhört, als würden sie streiten. Das mag sich trivial anhören, doch solche Dinge kommen aus einem Leib, der mit der Unwahrheit vermischt ist.

Das Wort „Fleisch" wird in der Bibel häufig verwendet. In

diesem Vers in Johannes 1,14 wird es buchstäblich verwendet: *„Und das Wort wurde Fleisch und wohnte unter uns, und wir haben seine Herrlichkeit angeschaut, eine Herrlichkeit als eines Eingeborenen vom Vater, voller Gnade und Wahrheit."* Häufiger wird es dagegen in seiner geistlichen Bedeutung verwendet.

In Römer 8,5 steht: *„Denn die, die nach dem Fleisch sind, sinnen auf das, was des Fleisches ist; die aber, die nach dem Geist sind, auf das, was des Geistes ist"* und in Kapitel 8, Vers 8 heißt es: *„Die aber, die im Fleisch sind, können Gott nicht gefallen."*

Hier wird das Wort „Fleisch" im geistlichen Sinne verwendet und bezieht sich auf die sündige Natur im Zusammenhang mit dem Körper. Es ist die Kombination aus sündiger Natur und dem Leib, aus dem die Erkenntnis der Wahrheit herausgesickert ist. Der Feind, Satan, legte die sündige Natur in den Menschen hinein und so wurde sie in den Menschen integriert. Dies zeigt sich zwar nicht sofort in entsprechenden Handlungen, aber diese Attribute gibt es jetzt in den Menschen, so dass sie jederzeit sichtbar werden können.

Wenn wir all diese fleischlichen Attribute betrachten, sprechen wir von den „Dingen des Fleisches". Hass, Neid, Eifersucht, Falschheit, List, Arroganz, Zorn, Verurteilen, Verdammen, Ehebruch und Gier – all das zusammen ist „das Fleisch", die einzelnen Punkte sind die „Dinge des Fleisches".

Die Bedeutung von „Das Fleisch ist schwach"

Als Jesus im Garten Gethsemane betete, schliefen Seine Jünger ein. Jesus sagte zu Petrus: „*Wacht und betet, damit ihr nicht in Versuchung kommt! Der Geist zwar ist willig, das Fleisch aber schwach*" (Matthäus 26,41). Das heißt allerdings nicht, dass die Jünger körperlich schwach waren. Petrus hatte einen robusten Körperbau, denn er war Fischer von Beruf. Was bedeutet: „Das Fleisch ist schwach!" also?

Es bedeutet, dass Petrus den Heiligen Geist noch nicht empfangen hatte. Er war ein Mann des Fleisches, der die Sünde noch nicht vollkommen abgeworfen hatte und somit auch den geistlichen Menschen noch nicht aufbauen konnte. Wenn jemand seine Sünden abwirft und zu einem geistlichen, das heißt wahrhaftigen, Menschen wird, werden seine Seele und sein Leib durch seinen Geist bestimmt. Wenn dann der Leib sehr müde ist, man aber wirklich von ganzem Herzen wach bleiben will, kann man auch verhindern, dass man einschläft.

Zu dem Zeitpunkt handelte Petrus nicht geistlich und konnte dementsprechend auch seine fleischlichen Eigenschaften wie Müdigkeit und Faulheit nicht kontrollieren. Er wollte zwar wach bleiben, konnte es aber nicht. Er bewegte sich innerhalb seiner physischen Grenzen. Wenn man sich innerhalb dieser Grenzen bewegt, ist das Fleisch schwach.

Doch nach der Auferstehung Jesu Christi und Seiner Himmelfahrt empfing Petrus den Heiligen Geist. Von da an wurde er nicht mehr vom Fleisch kontrolliert, sondern heilte viele

Kranke und erweckt sogar Tote wieder zum Leben. Er verkündete das Evangelium mit einem solch starken Glauben und so viel Mut, dass er sich am Ende auf dem Kopf kreuzigen ließ.

Im Fall von Jesus war es so, dass Er das Evangelium vom Königreich Gottes verkündete und Menschen Tag und Nacht heilte, so dass Er nicht einmal dazu kam, ordentlich zu essen oder zu schlafen. Doch weil Sein Geist über Seinen Leib herrschte, konnte Er, selbst als Er müde war, beten – bis Sein Schweiß wie Blut auf den Boden tropfte. Jesus hatte die Sünde weder geerbt noch selbst gesündigt. Darum konnte Er seinen Leib mit seinem Geist kontrollieren.

Manche Gläubige begehen Sünden und reden sich dann mit „Mein Fleisch ist schwach!" heraus. Das sagen sie aber nur, weil sie die geistliche Bedeutung dieser Aussage nicht kennen. Wir müssen begreifen, dass als Jesus Sein Blut am Kreuz vergoss, Er uns nicht nur von Sünde befreite, sondern auch von unseren Schwächen. Wir können im Geist und im Leib gesund sein und Dinge tun, die über das normal Menschenmögliche hinausgehen, wenn wir Glauben haben und dem Wort Gottes gehorchen. Darüber hinaus hilft uns der Heilige Geist und darum sollten wir nicht behaupten, wir könnten nicht beten oder wir hätten gar nicht anders als zu sündigen, denn unser Fleisch sei schwach.

Die Dinge des Fleisches: In Gedanken begangene Sünden

Da der Mensch aus Fleisch besteht, die sündige Natur also in sich trägt, begeht er Sünden nicht nur im Kopf, sondern auch tatsächlich. Wenn er Falschheit in sich hat, betrügt er andere auch in ungünstigen Situationen. Wenn er die Sünde nur im Herzen, jedoch nicht in der Tat begeht, handelt es sich um eine „Sache des Fleisches".

Stellen Sie sich vor, Sie sehen ein wunderschönes Schmuckstück, das Ihrer Nachbarin gehört. Wenn Sie darüber nachdenken, es zu nehmen oder zu stehlen, haben Sie diese Sünde in Ihrem Herzen bereits begangen. Die meisten Menschen halten dies nicht für eine Sünde. Doch Gott erforscht Herzen und selbst Satan weiß Bescheid. Darum kann er Sie auch wegen solch einer Sünde verklagen – denn sie ist eine Sache des Fleisches.

In Matthäus 5,28 sagte Jesus: „*Ich aber sage euch, dass jeder, der eine Frau ansieht, sie zu begehren, schon Ehebruch mit ihr begangen hat in seinem Herzen.*" In 1. Johannes 3,15 heißt es: „*Jeder, der seinen Bruder hasst, ist ein Menschenmörder, und ihr wisst, dass kein Menschenmörder ewiges Leben bleibend in sich hat.*" Wenn Sie im Herzen Sünde begehen, legen Sie damit das Fundament, um diese Sünde tatsächlich zu begehen.

Sie können ein Lächeln auf dem Gesicht haben und vorgeben, jemanden zu lieben, auch wenn Sie ihn hassen und eigentlich zuschlagen wollen. Wenn etwas passiert oder Sie die Situation nicht mehr ertragen können, platzen Sie vielleicht vor Zorn und

greifen die Person sogar an. Wenn Sie aber die sündige Natur –
in diesem Fall den Hass – ablegen, hassen Sie diesen Menschen
nicht, selbst wenn er Ihnen das Leben schwer macht.

In Römer 8,13 steht: „*Denn wenn ihr nach dem Fleisch
lebt, so werdet ihr sterben.*" Wenn Sie also die Dinge des
Fleisches nicht ablegen, werden Sie schließlich die Werke des
Fleisches tun. Aber die Schrift sagt auch: „*... wenn ihr aber
durch den Geist die Handlungen des Leibes tötet, so werdet
ihr leben.*" Es ist also möglich, heilige Dinge, die Gott gefallen,
zu tun, wenn Sie die Dinge des Fleisches eins nach dem anderen
ablegen. Frage: Wie können wir uns der Dinge und Werke des
Fleisches entledigen?

In Römer 13,13-14 heißt es: „*Lasst uns anständig wandeln
wie am Tag; nicht in Schwelgereien und Trinkgelagen, nicht in
Unzucht und Ausschweifungen, nicht in Streit und Eifersucht;
sondern zieht den Herrn Jesus Christus an, und treibt nicht
Vorsorge für das Fleisch, dass Begierden wach werden!*" In 1.
Johannes 2,15-16 steht geschrieben: „*Liebt nicht die Welt noch
was in der Welt ist! Wenn jemand die Welt liebt, ist die Liebe
des Vaters nicht in ihm; denn alles, was in der Welt ist, die
Begierde des Fleisches und die Begierde der Augen und der
Hochmut des Lebens, ist nicht vom Vater, sondern ist von der
Welt.*"

Durch diese Verse wird uns klar, dass die Lust des Fleisches,
die Lust der Augen und der Stolz des Lebens für alles in der
Welt verantwortlich sind. Lust treibt Menschen an, nach dem

Fleischlichen zu trachten und es anzunehmen. Sie ist sehr mächtig und aufgrund dieser Lust haben die Menschen in Bezug auf die Erde ein gutes Gefühl und sie lieben sie.

Lassen Sie uns an die Stelle zurückgehen, an der Eva von der Schlange versucht wurde. In 1. Mose 3,5 heißt es: „*Und die Frau sah, dass der Baum gut zur Speise und dass er eine Lust für die Augen und dass der Baum begehrenswert war, Einsicht zu geben; und sie nahm von seiner Frucht und aß, und sie gab auch ihrem Mann bei ihr, und er aß.*"

Die Schlange sagte zu Eva, sie könne wie Gott werden. In dem Moment, als sie dieses Wort akzeptierte, kam die sündige Natur in sie hinein und setzte sich in ihrem Fleisch fest. Dann kam die Lust des Fleisches hinzu und die Frucht sah „gut zur Speise" aus. Die Lust der Augen kam hinzu und die Frucht sah nun sehr verlockend aus. Der Stolz des Lebens kam hinzu und die Frucht sah begehrenswert aus, als würde sie einen weise machen. Als Eva diese Lüste in sich hinein ließ, wollte sie die Frucht essen und tat es auch. Bis dahin hatte sie nie vorgehabt, dem Wort Gottes nicht zu gehorchen, aber ihre Lust motivierte sie dazu, denn die Frucht sah gut und schön aus. Als sie sich wünschte, wie Gott zu sein, wurde sie Ihm gegenüber ungehorsam.

Die Lust des Fleisches, die Lust der Augen und der Stolz des Lebens sorgen dafür, dass wir meinen, die Sünde und das Böse seien gut und schön. Das löst zunächst die Dinge und später die Werke des Fleisches aus. Um die fleischlichen Dinge abzuschneiden, müssen wir erst einmal diese drei Arten von Lust ablegen. Dann können wir beginnen, die Dinge des Fleisches an sich aus unseren Herzen zu verbannen.

Hätte Eva gewusst, welch schlimmen Schmerz es verursachen würde, wenn sie von der Frucht äße, wäre sie nie der Meinung gewesen, dass sie gut zur Speise und eine Lust für die Augen sei. Stattdessen hätte sie selbst den Gedanken, die Frucht zu berühren, verabscheut und sie hätte garantiert nichts von ihr gegessen. Wenn uns wirklich bewusst wäre, welchen Schmerz wir bei uns selbst verursachen, wenn wir die Welt lieben und es uns in die Hölle bringt, würden wir die Welt definitiv nicht lieben. Wenn uns einmal klar wird, wie sinn- und wertlos die sündigen Dinge dieser Welt sind, können wir die Begierden unseres Fleisches leicht abwerfen. Lassen Sie mich diesen Punkt näher ausführen.

Die Lust des Fleisches

Die Lust des Fleisches meint die Angewohnheit, dem Fleisch zu folgen und zu sündigen. Wenn wir Eigenschaften haben wie Hass, Zorn, selbstsüchtige Wünsche, sinnliche Gelüste, Neid und Stolz, dann kann die Lust des Fleisches gereizt werden. Kommen wir dann in eine Situation, in der die sündige Natur angesprochen wird, werden Interesse und Neugier geweckt. Das verleitet zu dem Eindruck, dass sich Sünde gut anfühlt und dass sie schön ist. An dieser Stelle werden die Dinge des Fleisches offenbart und können in Werken des Fleisches ausarten.

Stellen Sie sich beispielsweise vor, dass ein Gläubiger beschließt, mit dem Trinken aufzuhören. Dennoch hat er den Wunsch, Alkohol zu trinken; das ist eine Sache des Fleisches. Wenn er dann in eine Bar geht oder an einen anderen Ort, wo Menschen Alkohol trinken, wird die Lust des Fleisches ein Glas zu trinken, stimuliert. Das löst den Wunsch in ihm aus und führt dazu, dass er tatsächlich anfängt und sich betrinkt.

Lassen Sie mich Ihnen ein weiteres Beispiel geben. Wenn wir die Eigenschaft haben, andere Menschen zu verurteilen und zu verdammen, würden wir sicher gerne Gerüchte über andere hören. Vielleicht wären wir der Meinung, es sei schön, Gerüchte zu hören und zu verbreiten und über andere zu reden. Wenn wir Zorn in uns hätten und uns etwas nicht schmeckt, würden wir meinen, es täte uns gut, auf andere Menschen oder wegen bestimmter Umstände zornig zu. Wenn wir uns dann bemühen würden, uns selbst zu kontrollieren und nicht den Eigenschaften des Fleisches nachzugeben und ärgerlich zu werden, würden wir dies als schmerzlich und unerträglich empfinden. Wenn wir stolz sind, versuchen wir in unserem Stolz vielleicht anzugeben. In unserem Stolz würden wir uns auch von anderen bedienen lassen wollen. Wenn wir uns wünschen reich zu sein, versuchen wir es selbst auf Kosten und zum Schaden oder Leid anderer. Diese Lust des Fleisches wird nur noch größer, wenn wir sündigen.

Doch selbst wenn sich jemand gerade erst frisch bekehrt hat und nur einen schwachen Glauben hat, kann die Lust des Fleisches nicht leicht stimuliert werden, solange er eifrig betet, aus der Gemeinschaft mit anderen Gemeindemitgliedern Gnade empfängt und mit dem Heiligen Geist erfüllt ist. Selbst wenn die Lust des Fleisches in einer Ecke seines Verstandes auftaucht, kann er sie sofort mit der Wahrheit vertreiben. Doch wenn er aufhört zu beten und die Fülle des Heiligen Geistes verliert, würde er damit dem Feind, Satan, die Türe öffnen, dass er die Lust des Fleisches stimuliert.

Warum ist es so wichtig, die Lust des Fleisches abzulegen? Auf diese Weise wollen wir die Fülle des Heiligen Geistes erhalten. So wird auch Ihr Wunsch, nach geistlichen Dingen zu trachten, stärker als den Lüsten des Fleisches nachzugehen. Wir sollten allezeit geistlich wach sein, wie wir in 1. Petrus 5,8 lesen: *„Seid nüchtern, wacht! Euer Widersacher, der Teufel, geht umher wie ein brüllender Löwe und sucht, wen er verschlingen kann.“*

Um das zu tun, dürfen Sie nicht aufhören, eifrig zu beten. Auch wenn wir sehr damit beschäftigt sind, das Werk des Herrn zu tun, verlieren wir die Fülle des Heiligen Geistes, wenn wir nicht innehalten und beten. Sonst wird der Lust des Fleisches die Tür geöffnet. Dann sündigen Sie vielleicht zunächst in Ihrem Kopf – und später auch konkret. Darum gab uns Jesus, der sündlose Sohn Gottes, selbst ein gutes Beispiel, indem Er hier auf Erden ohne unterlass betete. Er hörte nie auf, mit dem Vater zu sprechen und Seinen Willen zu tun.

Wenn Sie die Sünde ablegen und sich nach der Heiligung ausstrecken, kommt keine Lust hervor und so werden Sie sich auch nicht dem Fleisch unterordnen und Sünde begehen.

Diejenigen, die geheiligt sind, beten nicht dafür, dass die Sünde des Fleisches abgeschnitten wird, sondern dass sie die Fülle des Geistes stärker erleben und für das Königreich Gottes Großes bewirken.

Was ist, wenn wir menschliche Fäkalien auf unserer Kleidung haben? Wir wischen sie nicht nur ab, sondern wir waschen sie mit Seife, damit auch der Geruch weggeht. Wenn ein Wurm auf Ihrer Kleidung wäre, würde uns das so überraschen, dass wir ihn gleich abschütteln würden. Doch die Sünde im Herzen ist viel schmutziger als menschliche Fäkalien oder ein Wurm. In Matthäus 15,18 lesen wir: *„Was aber aus dem Mund herausgeht, kommt aus dem Herzen hervor, und das verunreinigt den Menschen."* Sünde verunreinigt den Menschen sozusagen bis auf den Knochen, ja ins Knochenmark, und sie verursacht großes Leid.

Was ist, wenn eine Ehefrau herausfindet, dass ihr Mann eine Affäre hat? Wie sehr muss sie das verletzen? Anders herum ist es genauso. Es wird Streit auslösen, der Familienfrieden wird gestört und vielleicht zerbricht die Familie sogar daran. Darum sollten wir die Lust des Fleisches schnell von uns werfen, denn sie bringt Sünde hervor und zieht unschöne Konsequenzen nach sich.

Die Lust der Augen

Die „Lust der Augen" stimuliert das Herz durch das Gehörte

und Gesehene, so dass derjenige nach fleischlichen Dingen trachtet. Man nennt es zwar die „Lust der Augen", aber sie kommt ins Herz der Menschen, wenn wir etwas hören, sehen und fühlen. Das, was jemand sieht und hört, bewegt also sein Herz und löst Gefühle aus. So empfängt er die „Lust der Augen".

Wenn Sie etwas sehen und es in Kombination mit Gefühlen annehmen, erleben Sie die gleichen Gefühle wieder, wenn Sie etwas Ähnliches sehen. Selbst wenn Sie es nicht sehen, sondern nur etwas hören, werden Sie an frühere Erlebnisse erinnert, so dass die Lust der Augen neu stimuliert werden kann. Wenn Sie die Lust der Augen weiter empfangen, wird es Sie dazu motivieren, der Lust des Fleisches Raum zu geben und am Ende begehen Sie die Sünde.

Was geschah, als David Batseba, die Ehefrau von Uria, baden sah? Er schnitt die Lust der Augen nicht ab, sondern nahm sie an, wodurch er der Lust des Fleisches Raum gab und so den Wunsch entwickelte, diese Frau zu haben. Schließlich nahm er sie sich und beging eine weitere Sünde, indem er ihrem Ehemann Uria den Befehl erteilte, an vorderster Front zu kämpfen, wo dieser sterben sollte. Dadurch löste David viel Unheil in seinem eigenen Leben aus.

Wenn wir uns der Lust der Augen nicht entledigen, stimuliert sie die sündige Natur in uns weiter. Wenn wir beispielsweise obszönes Material anschauen, motiviert es die sündige Natur eines ehebrecherischen Verstandes. Wenn wir etwas mit den Augen sehen, kommt die Lust der Augen in uns und Satan treibt unsere Gedanken in Richtung Unwahrheit.

Diejenigen, die an Gott glauben, dürfen die Lust der Augen nicht annehmen und einfach in ihr Leben lassen. Sie dürfen das, was nicht wahr ist, nicht ansehen oder anhören. Ja, Sie sollten nicht einmal an Orte gehen, wo Sie mit derartig unwahrhaftigen Dingen in Berührung kommen könnten. Egal, wie viel Sie beten, fasten oder die ganze Nacht im Gebet verbringen, um sich Ihres Fleisch zu entledigen, wenn Sie die Lust der Augen nicht ablegen, bekommt die Lust des Fleisches neue Kraft und wird ermutigt, noch stärker zu agieren. Dann können Sie das Fleisch nicht mehr einfach ablegen und Sie werden merken, wie schwer der Kampf gegen die Sünde wird.

Wenn zum Beispiel im Kriegsfall die Soldaten in einer Stadt ihren Nachschub von außerhalb der Stadt bekommen, haben sie die Kraft, weiter zu kämpfen. Es wäre nicht einfach, die feindlichen Mächte innerhalb der Stadtmauern zu besiegen. Um die Stadt besiegen zu können, müssen wir sie erst einmal umzingeln und die Versorgung kappen, so dass der Feind weder neue Nahrung noch Nachschub an Waffen bekommt. Wenn wir weiter angreifen und die Situation aufrecht erhalten, wird der Feind schließlich zerstört werden.

Bleiben wir bei dem Beispiel. Wenn die feindliche Macht in der Stadt Unwahrheit ist, das heißt das Fleischliche in uns, dann ist die Verstärkung von außerhalb der Stadt die Lust der Augen. Wenn wir die Lust der Augen nicht abwerfen, können wir

Sünden nicht ablegen, egal, wie viel wir fasten und beten, denn die sündige Natur bekommt ja weiter Kraft. So müssen wir zuerst die Lust der Augen abschneiden und dann beten und fasten, um uns der sündigen Natur zu entledigen. So können wir sie mit der Gnade und Kraft Gottes und in der Fülle des Heiligen Geistes ablegen.

Lassen Sie mich Ihnen ein noch einfacheres Beispiel geben. Wenn wir sauberes Wasser in ein Gefäß gießen, das voller schmutzigem Wasser ist, wird das schmutzige Wasser am Ende sauber. Aber was passiert, wenn wir klares Wasser hineingießen und gleichzeitig schmutziges? Das schmutzige Wasser in dem Gefäß wird nicht sauber, egal wie lange wir neues hinzugießen – es sei denn, wir gießen nur sauberes Wasser nach. Ebenso dürfen wir keine Unwahrheiten mehr akzeptieren, sondern nur noch die Wahrheit, so dass wir das Fleisch ablegen und ein geistliches Herz entwickeln können.

Der Stolz des Lebens

Menschen haben den Wunsch, sich zu rühmen; es gibt den „Stolz des Lebens" und die Eitelkeit und Prahlsucht in unserer Natur, die wir in Bezug auf das Schöne in diesem Leben haben. Beispielsweise prahlen Menschen über ihre Familie, die Kinder, den Ehemann oder die Ehefrau, teure Kleidung, ein schönes Haus oder Schmuck. Sie wollen wegen ihres Aussehens und ihrer Talente Anerkennung. Sie prahlen sogar über ihre Beziehung zu einflussreichen oder berühmten Leuten. Wenn Sie den „Stolz des Lebens" haben, sind Ihnen Reichtum, Ruhm, Wissen, Talente und Aussehen in dieser Welt wichtig und Sie trachten entschlossen danach.

Doch was nützt es, wenn wir uns dieser Dinge rühmen? Im Prediger 1,2-3 heißt es, alles unter der Sonne sei nichtig. Im Psalm 103,14 steht: *„Der Mensch – wie Gras sind seine Tage, wie die Blume des Feldes, so blüht er."* Das heißt, das Prahlen dieser Welt kann uns keinen echten Wert oder echtes Leben vermitteln. Stattdessen sind diese Dinge Gott gegenüber feindlich eingestellt und sie führen uns nur zum Tod. Wenn wir das Bedeutungslose, das Fleischliche ablegen, werden wir befreit vom Prahlen und von Lust und können so allein der Wahrheit nachfolgen.

In 1. Korinther 1,31 heißt es, dass wenn jemand sich rühmt, er dies im Herrn tun soll. Das heißt, wir sollen nicht prahlen oder uns selbst erheben, sondern immer Gott allein die Ehre geben. Beispielsweise rühmen wir das Kreuz, den Herrn, der uns errettet hat, und das Königreich der Himmel, das Er für uns vorbereitet. Auch wegen Seiner Gnade, Seinen Segnungen, Seiner Herrlichkeit und allen anderen Dingen, mit denen Er uns beschenkt hat, dürfen wir uns rühmen. Wenn wir uns des Herrn rühmen, freut Ihn das und Er beschenkt uns neu mit materiellen und geistlichen Segnungen.

Es ist die Pflicht des Menschen, Gott in Ehrfurcht zu begegnen und Ihn zu lieben. Der Wert eines jeden hängt davon ab, wie sehr er ein vom Geist geprägter Mensch ist (Prediger 12,13).

Wenn wir alle Sünden und alles Böse ablegen, sprich die Werke und die Dinge des Fleisches, und so das verlorene Bild Gottes wiedererlangen, können wir über die Ebene des ersten Menschen hinausgehen. Adam war ein lebendiger Geist. Wir können zu geistlichen Menschen werden, die ganz und gar vom Geist geprägt sind. Darum sollen wir für das Fleisch keine Vorsorge treffen, denn sonst werden nur Begierden wach. Stattdessen sollten wir uns mit dem Herrn Jesus Christus bekleiden (Römer 13,14).

Kapitel 4
Über die Ebene des lebendiges Geistes hinaus

Wenn wir einmal die fleischlichen Gedanken zerstört haben,
verschwindet das fleischliche Agieren der Seele.
Dann bleibt nur noch das geistliche Handeln der Seele übrig.
Der Geist hat nun die Herrschaft und die Seele gehorcht
ihm vollkommen durch ihr „Amen".
Wenn der Geist seiner Pflicht als Herrschender nachkommt
und die Seele ihrer Pflicht als Dienerin, dann sprechen wir davon,
dass es der Seele wohlergeht.

Das begrenzte Herz des Menschen

Wie man zu einem vom Geist geleiteten Menschen wird

Der lebendige und der kultivierte Geist

Geistlicher Glaube ist echte Liebe

In Richtung Heiligkeit

Ganz neu geborene Babys sind zwar menschliche Wesen, aber sie „leisten" noch nicht alles, was Erwachsene leisten können, denn sie haben noch kein Wissen. Sie können ihre Eltern nicht erkennen. Sie können alleine auch nicht überleben. Ebenso konnte Adam, der als lebendiger Geist geschaffen wurde, seinen Pflichten als Mensch am Anfang noch nicht nachkommen. Er wurde erst zu einem Wesen von Bedeutung, als er mit dem Geist der Erkenntnis erfüllt wurde. Nachdem er geistliches Wissen von Gott beigebracht bekommen hatte, konnte er Schritt für Schritt als Herr über alle Geschöpfe regieren. Damals war das Herz Adams der Geist selbst, so dass es gar nicht nötig war, das Wort „Herz" zu benutzen.

Doch nachdem er gesündigt hatte, starb sein Geist. Die geistliche Erkenntnis verließ ihn langsam, aber sicher. Und anstatt dessen wurde er mit fleischlichem Wissen, das vom Teufel kam, erfüllt. Somit konnte sein Herz nicht mehr als „Geist" bezeichnet werden, sondern wurde von da an „Herz" genannt.

Gott ist Geist und ursprünglich wurde Adams Herz im Ebenbild Gottes geschaffen. Adams Herz konnte auch in dem

Maße wachsen, wie es mit dem Geist der Erkenntnis erfüllt wurde. Doch nachdem sein Geist starb, umgab das Wissen um die Unwahrheit seinen Geist. Dadurch war sein Herz von da an in gewisser Weise begrenzt. Weil die Seele zum „Meister" des Menschen geworden war und nun das Sagen hatte, fing der Mensch an, sich bestimmtes Wissen anzueignen und es entsprechend zu nutzen. Gemäß diesem anderen Wissen und dessen Anwendung wurde das Herz des Menschen auf eine andere Art und Weise mobilisiert.

Darum kommen auch Leute mit einem relativ großen Herzen über gewisse Grenzen, die durch ihre jeweilige Selbstgerechtigkeit, persönliche Denkweise und Theorien gesetzt werden, nicht hinaus. Doch sobald wir den Herrn Jesus annehmen, den Heiligen Geist empfangen und unser Geist durch den Heiligen Geist geboren wird, können wir diese menschlichen Grenzen überschreiten. Darüber hinaus gilt: je mehr wir ein geistliches Herz kultivieren, desto mehr werden wir in die Lage versetzt, den grenzenlosen geistlichen Bereich wahrzunehmen und besser kennen zu lernen.

Das begrenzte Herz des Menschen

Wenn von der Seele dominierte Menschen dem Wort Gottes zuhören, kommt die Botschaft zuerst in ihren Verstand und sie benutzen dementsprechend menschliche Gedanken. Darum können sie Sein Wort nicht mit ihren Herzen annehmen.

Natürlich können sie geistliche Dinge nicht realisieren und sich auch mit der Wahrheit nicht verändern. Sie versuchen, den geistlichen Bereich mit ihren eigenen, beschränkten Herzen zu verstehen und darum richten sie andere Menschen auch. In ihrem Leben gibt es auch viele Missverständnisse und sie verurteilen oft andere Menschen, sogar die Patriarchen in der Bibel.

Manche behaupten, dass als Gott Abraham befahl, seinen Sohn Isaak zu opfern, es Abraham schwer gefallen wäre, Ihm zu gehorchen. Sie formulieren das etwa so: Gott ließ Abraham drei Tage lang nach Morija reisen, um seine Glauben zu prüfen. Unterwegs habe er genügend Zeit, sich mächtig zu grämen und darüber nachzudenken, ob er Gott gehorchen sollte oder nicht. Aber am Ende habe er beschlossen, Gottes Wort zu gehorchen.

Hatte Abraham dieses Problem wirklich? Er machte sich früh am Morgen auf den Weg, ohne es mit seiner Frau zu diskutieren. Er vertraute vollkommen auf die Macht und Güte Gottes, der die Toten auferwecken kann. Darum konnte er seinen Sohn auch ohne zu zögern opfern. Gott sah sein Herz und rechnete ihm seinen Glauben und seine Liebe an. Darum wurde Abraham der Vater des Glaubens und wird als „Freund Gottes" bezeichnet.

Wenn jemand die Ebene des Glaubens und des Gehorsams, die Gott gefällt, nicht kennt, wird er diese Dinge missverstehen, weil er im Rahmen seines begrenzten Herzens und Glaubensstandard agiert. Wir können diejenigen, die Gott in höchstem Maße lieben und Ihm gefallen, verstehen – und zwar gemäß dem, wie wir die Sünde ablegen und ein geistliches Herz entwickeln.

Wie man zu einem vom Geist geleiteten Menschen wird

Gott ist Geist und darum will Er, dass Seine Kinder auch Menschen des Geistes werden. Was müssen wir tun, um Menschen des Geistes, sprich vom Geist geleitete Menschen zu werden, deren Geist über ihre Seele und über ihren Leib herrscht? In allererster Linie müssen wir Gedanken der Unwahrheit, das heißt fleischliche Gedanken ablegen, so dass wir nicht von Satan kontrolliert werden. Stattdessen müssen wir auf die Stimme des Heiligen Geistes hören, der durch das Wort der Wahrheit in unserem Herzen wirkt. Wir müssen unsere Seele dieser Stimme komplett gehorchen lassen. Wenn wir das Wort Gottes anhören, müssen wir es mit einem „Amen" akzeptieren und ernsthaft beten, bis wir die geistliche Bedeutung Seines Wortes verstanden haben.

Wenn wir das tun – wenn wir denn die Fülle des Heiligen Geistes empfangen – wird unser Geist zum „Meister" und hat das Sagen. Dann kommen wir in eine geistliche Dimension, wo wir tagtäglich mit Gott kommunizieren können. Wenn die Seele dem Meister (dem Geist) vollkommen gehorsam ist und wie ein „Sklave" handelt, können wir sagen, dass es unserer Seele „wohlergeht". Wenn es unserer Seele wohlergeht, wird es uns in allen anderen Bereichen wohlergehen und wir werden gesund sein.

Wenn wir klar verstehen, wie die Seele operiert oder funktioniert und sie auf eine Art und Weise wiedererlangen, wie

Gott es sich wünscht, werden wir von Satan nicht mehr gehetzt. So können wir das verlorene Bild Gottes, das Adam durch seinen Sündenfall verloren hatte, wiedererlangen. Dann wird die Ordnung oder Rangfolge zwischen Geist, Seele und Leib korrekt etabliert und wir können zu wahren Kindern Gottes werden. Dann können wir sogar über die Ebene des geistlichen Lebens hinausgehen, das heißt zu dem, was Adams Ebene war. Wir haben dann nicht nur Autorität und Macht, über alles zu herrschen, sondern können auch ewige Freude und Glück im himmlischen Königreich genießen, die sich auf der Ebene vom Garten Eden befinden. So werden wir, wie es in 2. Korinther 5,17 heißt, vollkommen neue Geschöpfe im Herrn sein: *„Daher, wenn jemand in Christus ist, so ist er eine neue Schöpfung; das Alte ist vergangen, siehe, Neues ist geworden.“*

Der lebendige und der kultivierte Geist

Wenn wir den Befehlen Gottes gehorchen, die uns sagen, dass wir bestimmte Dinge nicht tun sollen, bedeutet das, dass wir nicht die Werke des Fleisches tun und dass wir in der Wahrheit bleiben. In demselben Maße werden wir dann immer mehr zu Menschen, die vom Geist geprägt werden. Solange wir vom Fleisch geprägte Menschen sind, die die Unwahrheit praktizieren, können wir verschiede Probleme haben oder Krankheiten bekommen, aber wenn wir Menschen des Geistes werden, wird uns alles gelingen und wir werden gesund sein.

Wenn wir das Böse ablegen, wenn Gott es uns zeigt, werden die

„Dinge des Fleisches" und fleischliche Gedanken niedergerissen, so dass wir eine Seele haben, die zur Wahrheit gehört. Wenn wir ausschließlich wahrheitsgemäß denken, hören wir die Stimme des Heiligen Geistes immer deutlicher. Halten wir uns vollkommen an die Befehle Gottes, die uns sagen, dass wir bestimmte Dinge tun oder lassen oder ablegen sollen, würden wir als geistliche Menschen erkannt, da wir dann keinerlei Unwahrheit mehr in uns hätten. Wenn wir des Weiteren allen Geboten Gottes vollkommen gehorchen, mit denen Er uns bestimmte Dinge aufträgt, werden wir zu Menschen, die total vom Geist geprägt sind.

Außerdem gibt es einen großen Unterschied zwischen diesen Männern des Geistes und Adam, der einst ein lebendiger Geist war. Adam hatte durch die menschliche Zivilisation nie etwas Fleischliches erlebt; darum kann man ihn auch nicht als vollkommen geistliches Wesen betrachten. Er wusste nichts über Sorgen, Schmerzen, Tod oder Trennung, die durch das Fleisch verursacht wird. Das bedeutet andererseits auch, dass er keine echte Wertschätzung, Danksagung oder Liebe hatte. Obwohl Gott ihn so sehr liebte, konnte er nicht wertschätzen, wie gut diese Liebe war. Er genoss das Beste, aber er konnte nicht spüren, dass er glücklich war. Er konnte kein echtes Kind Gottes sein und somit das, was in seinem Herz war, nicht wirklich mit Gott teilen. Nur wenn jemand fleischliche Dinge erlebt hat und darüber Bescheid weiß, kann er ein echtes geistliches Wesen werden.

Als Adam ein lebendiger Geist war, hatte er noch nichts Fleischliches erlebt. Darum hatte er immer die Möglichkeit,

Fleischliches zu akzeptieren und davon kontaminiert zu werden. Adams Geist war im wahrsten Sinne des Wortes kein vollkommener Geist, sondern ein Geist, der sterben konnte. Darum wurde er als lebendiges Wesen bezeichnet, das bedeutet, ein lebendiger Geist. Wie, so mögen manchen fragen, konnte sich dann ein lebendiger Geist von Satan verführen lassen? Lassen Sie mich ein Gleichnis erzählen.

Stellen Sie sich vor, eine Familie hat zwei sehr gehorsame Kinder. Eines von ihnen verbrühte sich mit heißem Wasser; das andere nicht. Eines Tages deutete die Mutter auf einen Kessel mit kochendem Wasser und sagte zu beiden, sie sollten ihn nicht anfassen. Normalerweise gehorchen sie ihre Mutter, also berühren sie beide ihn nicht.

Doch eines der Kinder hat bereits erlebt, dass ein kochender Topf gefährlich ist; darum gehorcht er willig. Es weiß auch, um das liebende Herz der Mutter, die mit ihrer Warnung versucht, beide zu schützen. Doch das andere Kind, das diese Erfahrung noch nicht gemacht hat, wird neugierig, wenn es sieht, wie Dampf aus dem Kessel kommt. Er kann die Absichten der Mutter überhaupt nicht kennen oder nachvollziehen. Darum besteht immer die Möglichkeit, dass er den Wasserkessel aus Neugierde doch berührt.

Das Gleiche gilt für den lebendigen Geist – Adam. Er hatte gehört, dass Sünde und das Böse furchterregend sind, hatte aber beides noch nicht erlebt. Für ihn war es unmöglich, Sünde und das Böse genau zu verstehen. Da er die Relativität von Dingen noch nicht erlebt hatte, ließ er sich aus freien Stücken auf die Verführung von Satan ein und aß von der verbotenen Frucht.

Adam, der lebendige Geist, hatte also die Relativität von Dingen nie verstanden; doch Gott wollte echte Kinder, die das Fleisch erlebt, dann aber geistliche Herzen entwickelt haben und es sich unter keinen Umständen anders überlegen würden. Sie versehen den Unterschied zwischen Fleisch und Geist sehr genau. Sie haben Sünde und das Böse sowie Schmerzen und Sorgen auf dieser Welt erlebt, so dass sie wissen, wie schmerzlich, schmutzig und sinnlos das Fleisch ist. Sie kennen den Geist sehr gut, der das Gegenstück zum Fleisch ist. Sie wissen, wie wunderschön und gut er ist. Darum werden sie das Fleisch mit ihrem freien Willen nie wieder annehmen. Das ist der Unterschied zwischen dem lebendigen und dem kultivierten Geist.

Ein lebendiger Geist gehorcht einfach bedingungslos, während der kultivierte Geist vom Herzen aus gehorcht, nachdem er sowohl das Gute als auch das Böse erlebt hat. Des Weiteren empfangen Menschen des Geistes, die alle Sünde und alles Böse abgelegt haben, den Segen, ins dritte Königreich des Himmels – nämlich ins Neue Jerusalem – aufgenommen werden, wo es verschieden Wohnstätten gibt – sowie wie Menschen, die ganz und gar vom Geist geprägt sind.

Geistlicher Glaube ist echte Liebe

Wenn wir Menschen des Geistes werden, während wir

unseren Glauben ausleben, werden wir Glück und Freude auf einer ganz anderen Ebene wahrnehmen. Dann werden wir echten Frieden im Herzen haben. Wir werden uns immer freuen, ohne unterlass beten und in allem Dank sagen, wie es in 1. Thessalonicher 5,16-18 heißt. Wir verstehen das Herz und den Willen Gottes, der uns wahres Glück schenkt, so dass wir Gott wiederum wirklich von Herzen lieben und Ihm danken.

Wir haben gehört, dass Gott Liebe ist, doch bevor wir vom Geist geprägte Menschen werden, können wir die Liebe nicht wirklich kennen. Erst wenn wir die Vorsehung Gottes durch die Menschheitsgeschichte verstanden haben, können wir tatsächlich begreifen, dass Gott die Liebe selbst ist – und dass wir Ihn zuerst und vor allen anderen lieben müssen.

Solange wir das Fleischliche nicht aus unserem Herzen vertreiben, sind unsere Liebe und Danksagung nicht wahrheitsgetreu. Auch wenn wir sagen, dass wir Gott lieben und Ihm dankbar sind, können wir den Verlauf unseres Lebens ändern, wenn uns gewisse Dinge nicht mehr zum Nutzen gereichen. Wir sagen, wir seien dankbar, wenn es gut läuft, doch es dauert nicht lange, bevor wir die empfangene Gnade wieder vergessen haben. Wenn schwierige Dinge vor uns liegen, sind wir frustriert und zornig, anstatt dass wir uns an die Gnade erinnern, die uns zuteil geworden ist.

Dagegen kommt die Danksagung bei vom Geist geprägten Menschen aus der Tiefe des Herzens, so dass sie sich selbst im Laufe der Zeit nie ändert. Sie verstehen die Vorsehung

Gottes, der sich – trotz unerträglicher Schmerzen – für die menschliche Zivilisation entschied. Sie danken Ihm aus der Tiefe ihres Herzens. Auch den Herrn Jesus lieben sie wirklich und wahrhaftig von Herzen und danken Ihm, der das Kreuz für uns auf sich nahm – ebenso wie dem Heiligen Geist, der uns in die Wahrheit hineinführt. Ihre Liebe und ihr Dank ändern sich nie.

In Richtung Heiligkeit

Die Menschheit wurde durch die Sünde korrupt, doch wenn jemand Jesus Christus annimmt und die Gnade der Errettung annimmt, kann er verändert werden – durch Glauben und die Kraft des Heiligen Geistes. Dann können sie über die Ebene eines bloßen Lebewesens, eines Geisteswesens hinausgehen. In dem Maße, wie die Unwahrheiten aus ihrem Leben weichen, und sie sich stattdessen mit der Wahrheit füllen, können sie vom Geist geprägte Menschen werden, die ein heiliges Leben leben.

In den meisten Fällen ist es so, dass wenn Menschen Böses sehen, sie es mit der Unwahrheit in sich verbinden und so Böses fühlen und denken. So neigen sie dazu, Böses zu tun. Doch diejenigen, die geheiligt sind, haben keine Unwahrheit in sich und so kommen auch keinen bösen Gedanken oder Taten von ihnen. Sie sehen das Böse gar nicht, aber falls sie Zeugen von etwas Bösem werden, entsteht keine Verbindung zwischen diesen Dingen und bösen Gedanken oder Taten.

Wir dürfen uns als geheiligt betrachten, wenn wir ein reines

Herz bewahren, in dem es keinen Makel oder Flecken gibt, weil selbst das Böse, was ganz in der Tiefe des Herzens war, entwurzelt worden ist. Diejenigen, die nur geistliche Gedanken haben, also die, die nur die Wahrheit sehen, hören, sprechen und entsprechend handeln, sind echte Kinder Gottes, die über die Ebene des Geistes hinausgegangen sind.

In 1. Johannes 5,18 steht geschrieben: *„Wir wissen, dass jeder, der aus Gott geboren ist, nicht sündigt; sondern der aus Gott Geborene bewahrt ihn, und der Böse tastet ihn nicht an."* Im geistlichen Bereich bedeutet Sündlosigkeit Macht. Keine Sünde zu haben, bedeutet Heiligkeit. In dem Maße, wie wir Sünde ablegen, können wir auch die Autorität wieder erlangen, die Adam als lebendiger Geist hatte, und den Feind, den Teufe,l besiegen und unterwerfen.

Wenn wir zu vom Geist geprägten Menschen geworden sind, kann uns der Teufel nicht anrühren. Werden wir vollkommen vom Geist geleitet und bauen Güte und Liebe auf, so werden wir in die Lage versetzt, im Heiligen Geist große und mächtige Werke zu vollbringen.

Wir können zu Menschen werden, die vom Geist geprägt und dann vollkommen vom Ihm bestimmt werden, indem wir uns heiligen lassen (1. Thessalonicher 5,23). Wenn wir an Gott denken, der die Menschheitsgeschicke leitet und der schon so lange mit uns geduldig ist, um wahre Kinder zu bekommen, dann verstehen wir auch, dass es das Bedeutsamste im Leben ist, zu Menschen des Geistes zu werden, die ganz von Ihm geleitet werden.

 Geist, Seele und Leib I

Teil 3

Die Wiedererlangung des Geistes

Bin ich ein fleischlicher oder geistlicher Mensch?

Vom Geist geprägt oder vollkommen von Ihm durchdrungen?

Jesus antwortete: Wahrlich, wahrlich, ich sage dir:
Wenn jemand nicht aus Wasser und Geist geboren wird,
kann er nicht in das Reich Gottes hineingehen.
Was aus dem Fleisch geboren ist, ist Fleisch,
und was aus dem Geist geboren ist, ist Geist.
- Johannes 3,5-6

Kapitel 1
Vom Geist geleitet und vom Geist geprägt

Da sein Geist tot ist, braucht der Mensch die Errettung.
Unser Leben als Christ ist ein Prozess, in dem der Geist wächst,
nachdem er wieder zum Leben erweckt wurde.

Was ist der Geist?

Wie man den Geist wiedererlangt

Wie der Geist wächst

Wie guter Boden kultiviert wird

Spuren des Fleisches

Beweise für ein Geprägtsein vom Geist

Segen für vom Geist geleitete und geprägte Menschen

Der Geist des Menschen starb wegen Adams Sünde. Seither ist die Seele Meister. Sie akzeptiert fortwährend Unwahrheiten und folgt ihren Gelüsten. Schließlich kann solch eine Seele die Errettung nicht empfangen. Da diese Menschen von der Seele kontrolliert werden, die unter dem Einfluss von Satan steht, begehen sie Sünden und kommen am Ende in die Hölle. Darum müssen alle Menschen gerettet werden. Gott ist auf der Suche nach echten Kindern, die im Laufe der Menschheitsgeschichte errettet werden. Anders ausgedrückt sucht Er nach Leuten, die sich vom Geist leiten lassen oder voll von Ihm geprägt werden.

In 1. Korinther 6,17 heißt es: *„Wer aber dem Herrn anhängt, ist ein Geist mit ihm."* So sind die wahren Kinder Gottes diejenigen, die im Geist mit Jesus Christus verbunden sind.

Wenn wir Jesus Christus annehmen, fangen wir an, mit Hilfe des Heiligen Geistes in der Wahrheit zu leben. Wenn wir im vollen Maße in der Wahrheit leben, bedeutet das, dass wir vom Geist geleitete Menschen sind, die das Herz Gottes haben. Dann sind wir ein Geist mit dem Herrn. Doch auch wenn wir ein Geist sind, sind der Geist Gottes und der Geist des Menschen vollkommen verschieden. Gott selbst ist Geist, ohne einen physischen Körper; der menschliche Geist befindet sich allerdings in einem physischen Leib. Gottes hat die Form eines Geistes, der in den Himmel gehört, während der menschliche Geist in einem Leib wohnt, der aus dem Staub der Erde gemacht wurde. Es gibt also definitiv einen großen Unterschied zwischen Gott dem Schöpfer und menschlichen Wesen, die Geschöpfe sind.

Was ist der Geist?

Viele Menschen meinen, die Ausdrücke „Geist" und „Seele" seien untereinander austauschbar. Im englischen Merriam-Webster-Wörterbuch wird das Wort „Geist" wie folgt definiert: „ein lebendiges oder lebensnotwendiges Prinzip, durch welches physische Organismen, übernatürliche Wesen oder Essenzen Leben bekommen." Doch in Gottes Augen ist ein Geist etwas, was nie stirbt, nie vergeht und sich nie verändert, sondern ewig it. Er ist Leben und die Wahrheit selbst.

Wenn wir auf der Erde etwas finden können, was die Eigenschaften des Geistes hat, dann wäre das Gold. Sein Glanz bleibt im Laufe der Zeit, es vergeht und ändert sich nicht. Darum vergleicht Gott unseren Glauben mit reinem Gold und baut auch die Häuser im Himmel mit Gold und anderen Edelsteinen.

Adam, der erste Menschen, bekam einen Teil von Gottes ursprünglicher Natur mit, als Gott den Odem des Lebens in ihn blies. Er wurde als unvollkommener Geist geschaffen, weil die Möglichkeit bestand, dass er wieder zu einem fleischlichen Wesen werden würde, das die Eigenschaften des Bodens hatte. Er war nicht nur „Geist". Er war ein „lebendiger Geist", also ein „lebendiges Wesen".

Warum schuf Gott Adam als lebendigen Geist? Er wollte, dass Adam über die Dimension als lebendiger Geist hinausging – und im Rahmen der Menschheitsgeschichte das Fleisch kennen lernte, um am Ende als vollkommen vom Geist geprägter Mensch daraus hervorzugehen. Dies gilt nicht nur für Adam, sondern für alle seine Nachkommen. Aus diesem Grund bereitete Gott den Retter, Jesus, und den Helfer, den Heiligen Geist, vor Anbeginn der Zeit vor.

Wie man den Geist wiedererlangt

Adam lebte für einen nicht messbaren Zeitraum als lebendiger Geist im Garten Eden. Schließlich wurde seine Kommunikation mit Gott durch seine Sünde getrennt. Damals begann Satan, die Erkenntnis von Unwahrheiten in seine Seele zu pflanzen. In diesem Prozess verschwand die Erkenntnis des Geistes, die Gott geschenkt hatte; sie wurde ersetzt durch fleischliche Inhalte, also durch die Erkenntnis von Unwahrheiten, die Satan mitbrachte.

Im Laufe der Zeit füllte das Fleisch den Menschen immer

mehr. Unwahrheiten umgaben und erstickten den Samen des Lebens im Menschen. Es war, als würde die Unwahrheit den Samen des Lebens eingrenzen und einengen, sodass er völlig inaktiv wurde. Wenn der Samen des Lebens vollkommen inaktiv ist, bezeichnen wir den Geist als „tot". Wenn man davon spricht, dass der Geist tot ist, bedeutet das, dass das Licht Gottes, welches den Samen des Lebens aktivieren kann, verschwunden ist. Was müssen wir tun, um einen toten Geist wiederzubeleben?

Zunächst einmal müssen wir aus Wasser und aus Geist geboren sein.

Wenn wir dem Wort Gottes, der Wahrheit, Gehör schenken, und Jesus Christus als unseren persönlichen Retter annehmen, legt Gott uns die Gabe des Heiligen Geistes in unser Herz. Jesus sagte in Johannes 3,5: „*Wahrlich, wahrlich, ich sage dir: Wenn jemand nicht aus Wasser und Geist geboren wird, kann er nicht in das Reich Gottes hineingehen.*" Daran können wir sehen, dass wir erst gerettet werden können, nachdem wir vom Wasser (dem Wort Gottes) und vom Heiligen Geist wiedergeboren worden sind.

Der Heilige Geist kommt in unser Herz und lässt den Samen des Lebens wieder aktiv werden. Damit wird unser toter Geist wiederbelebt. Er hilft uns, zum einen das Fleisch, das heißt Unwahrheiten, abzulegen, zum zweiten die unwahren Werke der Seele zu zerstören und drittens versorgt Er uns mit der

Erkenntnis der Wahrheit. Wenn wir den Heiligen Geist nicht empfangen, kann weder unser toter Geist auferweckt werden noch können wir die geistliche Bedeutung im Wort Gottes begreifen. Ein Wort, das wir nicht verstehen, kann nicht in unser Herz gepflanzt werden und so können wir keinen geistlichen Glauben bekommen. Allein mit der Hilfe des Heiligen Geistes können wir geistliches Verständnis erlangen und den Glauben haben, aus dem man von Herzen vertrauen kann. Wir können die Kraft empfangen, Gottes Wort in die Tat umzusetzen und so zu leben, wenn wir beten. Ohne Seine Hilfe im Gebet haben wir keine Kraft, das Wort zu praktizieren.

Zweitens müssen wir den Geist weiter wirken lassen.

Wenn unser toter Geist wiederbelebt wird, weil wir den Heiligen Geist empfangen haben, müssen wir unseren Geist regelmäßig mit der Erkenntnis der Wahrheit füllen. So wird der Geist durch den (Heiligen) Geist geboren. Wenn wir mit der Hilfe des Heiligen Geistes beständig intensiv beten, um gegen die Sünde – bis zum Blutvergießen – anzukämpfen, werden das Böse und die Unwahrheit aus dem Herzen weggehen. Darüber hinaus gilt: Je mehr wir die Erkenntnis der Wahrheit, die der Heilige Geist schenkt, annehmen – also Liebe, Güte, Treue, Sanftmut und Demut – desto mehr werden wir Wahrheit und Güte im Herzen haben. Anders ausgedrückt, indem wir die Wahrheit durch den Heiligen Geist annehmen, machen wir das rückgängig, was die Menschheit durch den Sündenfall an

Korruption erlebt hat.

Es gibt allerdings auch Menschen, die den Heiligen Geist empfangen haben, aber ihr Herz nicht verändern. Sie folgen den Wünschen des Heiligen Geistes nicht, sondern leben weiter in der Sünde und geben den Begierden des Fleisches nach. Anfangs versuchen sie, die Sünde abzulegen, aber ab einem gewissen Zeitpunkt, werden sie in ihrem Glauben lauwarm und hören auf, gegen die Sünde anzukämpfen. Von dem Augenblick an, wo sie aufhören gegen die Sünde zu kämpfen, schließen sie Freundschaft mit der Welt und begehen Sünden. Ihre langsam rein werdenden Herzen werden von der Sünde wieder befleckt. Auch wenn wir den Heiligen Geist empfangen haben, kann der Samen des Lebens in uns nicht stark werden, solange unsere Herzen fortwährend in Unwahrheiten getränkt werden.

In 1. Thessalonicher 5,19 werden wir gewarnt: *„Den Geist löscht nicht aus!"* Wir haben vielleicht einen Status erreicht, wo wir dem Namen nach lebendig sind, aber solange wie wir uns nicht verändern, nachdem wir den Heiligen Geist empfangen haben, sind wir noch tot (Offenbarung 3,1). Selbst wenn wir den Heiligen Geist empfangen haben, kann dieser langsam gelöscht werden, wenn wir weiter in der Sünde leben und Böses tun.

Darum müssen wir uns ständig bemühen, unser Herz zu verändern, bis es vollkommen wahrhaftig geworden ist. In 1. Johannes 2,25 steht dazu: *„Und dies ist die Verheißung, die er uns verheißen hat: das ewige Leben."* Ja, Gott hat uns eine Verheißung gegeben. Aber sie ist an eine Bedingung geknüpft.

Wir sollten mit dem Herrn und Gott verbunden sein, indem wir das Wort Gottes, das wir hören, praktizieren, so dass Gott uns das ewige Leben gibt. Wir können die Errettung nicht empfangen, selbst wenn wir sagen, dass wir an den Herrn glauben, es sei denn, wir leben in Gott und in dem Herrn.

Der Wachstumsprozess des Geistes

In Johannes 3,6 finden wir: „*Was aus dem Fleisch geboren ist, ist Fleisch, und was aus dem Geist geboren ist, ist Geist.*" Gemäß dem, was geschrieben steht, können wir nicht aus dem Geist geboren werden, solange wir im Fleisch sind.

Wenn wir den Heiligen Geist empfangen haben und unser toter Geist wiederbelebt ist, muss der Geist weiter wachsen. Was ist, wenn ein Kind nicht richtig wächst oder aufhört zu wachsen? Solch ein Kind könnte kein normales Leben führen. Das Gleiche trifft auf das geistliche Leben zu. Die Kinder Gottes, die das Leben empfangen haben, müssen ihren Glauben weiter vermehren und ihren Geist wachsen lassen.

Die Bibel berichtet davon, dass das Maß des Glaubens sich unterscheidet (Römer 12,3). In 1. Johannes 2,12-14, geht es um die verschiedenen Ebenen des Glaubens, der aufgeteilt ist in den Glauben von kleinen Kindern, Kindern, jungen Männern und Vätern:

Ich schreibe euch, Kinder, weil euch die Sünden vergeben sind um seines Namens willen. Ich schreibe euch, Väter, weil ihr den erkannt habt, der von Anfang an ist. Ich schreibe euch, ihr jungen Männer, weil ihr den Bösen überwunden habt. Ich habe euch geschrieben, Kinder, weil ihr den Vater erkannt habt. Ich habe euch, Väter, geschrieben, weil ihr den erkannt habt, der von Anfang an ist. Ich habe euch, ihr jungen Männer, geschrieben, weil ihr stark seid und das Wort Gottes in euch bleibt und ihr den Bösen überwunden habt.

In dem Maße, wie wir uns verändern und ein wahres Herz entwickeln, schenkt uns Gott Glauben von oben. Es ist der Glaube, mit dem wir von ganzem Herzen vertrauen können und dann gilt: „was aus dem Geist geboren ist, ist Geist." Das ist es, was der Heilige Geist für uns bewirkt, so dass der Geist geboren werden und uns helfen kann, unseren Glauben zu vermehren. Der Heilige Geist kommt in unsere Herzen und lehrt uns über Sünde, Gerechtigkeit und Gericht (Johannes 16,7-8). Er hilft uns, an Jesus Christus zu glauben.

Er hilft uns auch, die geistliche Bedeutung im Wort Gottes zu erschließen und in unserem Herzen aufzunehmen. In diesem Prozess können wir das Ebenbild Gottes wiedererlangen und wahre Kinder Gottes werden, also Menschen, die sich vom Geist leiten lassen oder ganz und gar von Ihm geprägt sind.

Damit unser Geist wachsen kann, müssen wir unsere feilschlichen Gedanken zerstören. Sie kommen zustande, wenn die Unwahrheiten in unserem Herzen herauskommen, weil unsere Seele in der Unwahrheit agiert. Wenn Sie beispielsweise etwas Böses in Ihrem Herzen haben und erfahren, dass jemand über Sie getratscht hat, würde Ihre Seele zunächst gemäß der Unwahrheiten darin reagieren. Sie würden fleischliche Gedanken haben und wären der Meinung, die betreffende Person sei gemein. Sie wären beleidigt oder es würden andere negative Gefühle hochkommen.

In dem Moment kontrolliert Satan die Seele. Er ist derjenige, der die bösen Gedanken hineinlegt. So reagiert die Seele darauf und die Unwahrheiten im Herzen, das heißt die Dinge des Fleisches, äußern sich in Gereiztheit, Hass, Ressentiments und Stolz. Anstatt andere verstehen zu wollen, will man das Gegenüber gleich zur Rede stellen.

Die zuvor erwähnten Dinge des Fleisches gehören auch zu den fleischlichen Gedanken. Wenn jemandes Selbstgerechtigkeit, Selbstkonzept oder seine eigenen Theorien durch das Wirken der Seele zum Vorschein kommen, sind auch das Dinge des Fleisches. Nehmen wir einmal an, jemand denkt, er könne seinen Glauben nicht kompromittieren. Er denkt dann weiter, dass seine Ideen richtig sind und bricht den Frieden mit anderen Menschen selbst dann, wenn er die Glaubensebene von anderen Leuten und ihre Umstände mit in Betracht ziehen sollte. Oder stellen Sie sich vor, jemand hat eine vorgefertigte Meinung zu einem Thema und glaubt, es würde schwer sein, ein Ziel zu erreichen, wenn man die Realität der Situation betrachtet. Auch das ist als fleischlicher Gedanke einzustufen.

Selbst nachdem wir den Heiligen Geist empfangen, indem wir den Herrn Jesus angenommen haben, kommen uns immer noch fleischliche Gedanken – und zwar in dem Maße, wie wir das Fleischliche noch nicht abgelegt haben. Wir haben geistliche Gedanken, wenn wir die Erkenntnis der Wahrheit aus dem Wort Gottes herausholen. Aber wir haben fleischliche Gedanken, wenn wir das Wissen über Unwahrheiten hervorholen. Der Heilige Geist kann die Erkenntnis der Wahrheit nicht in dem gleichen Maße aktivieren, wie wir noch fleischliche Gedanken haben.

Darum steht in Römer 8,5-8: „*Denn die, die nach dem Fleisch sind, sinnen auf das, was des Fleisches ist; die aber, die nach dem Geist sind, auf das, was des Geistes ist. Denn die Gesinnung des Fleisches ist Tod, die Gesinnung des Geistes aber Leben und Frieden, weil die Gesinnung des Fleisches Feindschaft gegen Gott ist, denn sie ist dem Gesetz Gottes nicht untertan, denn sie kann das auch nicht. Die aber, die im Fleisch sind, können Gott nicht gefallen.*"

Diese Passage deutet an, dass wir im Geist nur dann eine gewisse Ebene erreichen können, wenn wir mit unseren fleischlichen Gedanken brechen. Die, die im Fleisch bleiben, können nur fleischliche Gedanken haben. Das Resultat ist, dass sie in ihren Gedanken, Worten und ihrem Verhalten gegen Gott sind.

Eines der klarsten Beispiele dafür, wie sich jemand wegen seiner fleischlichen Gedanken Gott widersetzte, war König Saul in 1. Könige 15. Gott hieß ihn, Amalek anzugreifen, ihn und alles, was er hatte, zu zerstören. Es war teil der Bestrafung für die Amalekiter, will sie sich Gott in der Vergangenheit in großem Stil widersetzt hatten.

Doch nachdem Saul den Kampf gewonnen hatte, nahm er die guten Tiere mit und erklärte, er wolle sie Gott geben. Er nahm auch den König von Amalek gefangen, anstatt ihn zu töten. Er wollte prahlen. Er war ungehorsam, weil er fleischliche Gedanken hatten, die seiner Habsucht und Arroganz entstammten. Seine Augen waren von Habsucht und Arroganz geblendet und darum ging er seinen fleischlichen Gedanken weiter nach und starb am Ende elendig.

Der eigentliche Grund für fleischliche Gedanken sind Unwahrheiten in unserem Herzen. Wenn wir nur die Erkenntnis der Wahrheit in unseren Herzen haben, können wir gar keine fleischlichen Gedanken haben. Es versteht sich von selbst, dass diejenigen, die keine fleischlichen Gedanken haben, nur geistliche Gedanken hegen. Sie gehorchen der Stimme und Führung des Heiligen Geistes, so dass sie von Gott geliebt werden und Sein Wirken erleben können.

Demnach müssen wir also Unwahrheiten eifrig ablegen und uns füllen mit der Erkenntnis der Wahrheit, also dem Wort Gottes. Uns mit der Erkenntnis der Wahrheit zu füllen, bedeutet nicht, dass wir sie nur verstandsmäßig kennen. Stattdessen müssen wir unsere Herzen mit dem Wort Gottes füllen und kultivieren. Gleichzeitig müssen wir unsere eigenen Gedanken mit geistlichen ersetzen. Wenn wir uns mit anderen Menschen austauschen oder gewisse Ereignisse sehen, sollten wir von unserer Warte aus weder richten noch verurteilen, sondern versuchen, diese Dinge im Licht der Wahrheit zu sehen. Wir müssen ständig prüfen, ob wir anderen Leuten immer mit Güte, Liebe und Wahrhaftigkeit begegnen, so dass wir uns ändern können. Auf diese Weise können wir geistlich wachsen.

Das Kultivieren von gutem Boden

In Sprüche 4,23 steht: *„Mehr als alles, was man sonst bewahrt, behüte dein Herz! Denn in ihm entspringt die Quelle des Lebens."* Da steckt drin, dass die Quelle des Lebens, die uns das ewige Leben schenkt, im Herzen entspringt. Wir können die Früchte nur ernten, nachdem wir den Samen auf dem Feld ausgesät haben, so dass er dort aufsprießen, blühen und Früchte tragen kann. Auf eine sehr ähnliche Art und Weise können wir geistliche Früchte erst tragen, nachdem der Samen aus Gottes Wort auf den Ackerboden unseres Herzens gefallen ist.

Das Wort Gottes ist die Quelle des Lebens und hat zwei verschiedene Funktionen, wenn es in unser Herz gesät wird. Es pflügt Sünden und Unwahrheiten heraus und es hilft, Frucht zu tragen. In der Bibel gibt es viele Gebote, die in eine von vier Kategorien fallen: Tue dies; tue dies nicht; halte bestimmte Dinge ein oder wirf bestimmte Dinge ab. Beispielswiese sollen wir gemäß der Bibel Habsucht und alles andere Böse von uns werfen. Es gibt auch Beispiele dafür, dass wir Dinge „nicht tun", Menschen „nicht hassen" oder „richten" sollen. Wenn wir diesen Geboten gehorchen, wird die Sünde aus unseren Herzen entfernt. Das bedeutet, dass das Wort Gottes in unser Herz kommt und es in guten Boden umwandelt.

Es wäre jedoch nutzlos, wenn wir nach dem Pflügen einfach aufhören würden. Wir müssen Samen der Wahrheit und Güte auf dem gepflügten Acker aussäen, damit wir die neun Früchte des Heiligen Geistes tragen können – ebenso wie den Segen aus den Seligpreisungen und geistliche Liebe. Früchte zu tragen heißt, den Geboten zu gehorchen, die uns sagen, dass wir bestimmte Dinge bewahren und tun sollen. Wenn wir diese Gebote Gottes einhalten und praktizieren, werden wir irgendwann Früchte tragen.

Wie man zu einem vom Geist geleiteten Menschen wird, ist am Anfang dieses Kapitels beschrieben. Das entspricht der Kultivierung des Ackerbodens in unserm Herzen. Wir verwandeln den unbebauten, nicht kultivierten Acker in guten Boden, indem wir ihn pflügen, die Steine entfernen und das Unkraut entfernen. Ebenso müssen wir alle Werke und Dinge des Fleisches im Gehorsam gegenüber dem Wort Gottes ablegen, denn dort steht geschrieben was wir nicht tun sollen und welche Dinge wir ablegen müssen. Jede Person hat andere Dinge, die böse sind. Wenn wir die Wurzeln des Bösen, die sich am schwierigsten entfernen lassen, herausreißen, kommen alle anderen Formen des Bösen, die damit verbunden sind, auch mit heraus. Wenn jemand zum Beispiel ein großes Maß an Eifersucht hat und diese herausreißt, werden damit verbundene böse Eigenschaften wie Hass, Tratsch und Falschheit mit entfernt.

Wenn wir die tiefe Wurzel des Zorns entfernt haben, können auch andere Arten des Bösen wie Verärgerung und Frustration mit herausgerissen werden. Wenn wir beten und versuchen, den Zorn abzulegen, gibt uns Gott die Gnade und die Kraft dafür und der Heilige Geist hilft uns, den Zorn loszuwerden. Wenn wir das Wort der Wahrheit in unserem Alltag anwenden, haben wir die Fülle des Heiligen Geistes und die Macht des Fleisches wird geschwächt. Stellen wir uns vor, jemand wurde zehn Mal am Tag zornig, doch dann wird die Häufigkeit auf neun Mal, dann sieben Mal und dann nur fünf Mal reduziert, bevor der Zorn dann ganz verschwindet. Wenn wir unser Herz in guten Boden verwandeln, indem wir unsere ganze sündige Nature ablegen, wird das Herz zu einem „Herzen des Geistes", also ein vom Geist geleitetes oder geistlich ausgerichtetes Herz.

Darüber hinaus müssen wir das Wort der Wahrheit aussäen, das uns sagt, dass wir bestimmte Dinge tun und einhalten sollen, wie zum Beispiel andere lieben, ihnen vergeben und dienen und den Sabbat einhalten. Wir fangen nicht erst dann an, uns mit der Wahrheit zu füllen, nachdem wir alle Unwahrheiten abgelegt haben. Das Ablegen von Unwahrheiten und ihr Ersetzen mit der Wahrheit, muss gleichzeitig erfolgen. Sobald wir durch diesen Prozess ausschließlich die Wahrheit in unserem Herzen haben, können wir als Mensch betrachtet werden, der vom Geist geleitet wird.

Eines der Dinge, das wir ablegen müssen, wenn wir ein vom

Geist geleiteter Mensch werden wollen, ist unsere ursprüngliche Natur. Wagen wir einen Vergleich mit dem Erdboden: Das Böse in unserer Natur lässt sich mit den verschiedenen Arten von Ackerboden vergleichen. Es wird von den Eltern durch die Lebensenergie, die manche als „Chi" bezeichnen an die Kinder weiter vererbt. Wenn wir mit dem Bösen in Kontakt kommen und es annehmen, wird unsere Natur im Laufe unseres Lebens noch böser. Das Böse in unserer Natur kommt unter normalen Umständen nicht zum Vorschein und es ist schwierig, sich seiner bewusst zu werden.

Selbst, wenn wir alle Sünden und alles Böse, was offensichtlich ist, ablegen, kann das Böse, das tief in unserer Natur steckt, nicht einfach entfernt werden. Um es zu entfernen, müssen wir eifrig beten und unsere Bemühungen ausweiten, um es überhaupt zu finden und dann abzulegen.

In manchen Fällen stoppt unser geistliches Wachstum, wenn wir einen gewissen Punkt erreicht haben. Der Grund ist das Böse in unserer Natur. Um das Unkraut zu entfernen, müssen wir es an den Wurzeln herausreißen und nicht nur die Blätter und den Stil. In gewisser Weise können wir ein geistlich ausgerichtetes erst dann haben, wenn wir das Böse in unserer Natur erkannt und abgeworfen haben. Wenn wir zu einer vom Geist geleiteten Person werden, wird unser Gewissen wahrhaftig und unser Herz allein von der Wahrheit erfüllt sein. Das heißt, unser Herz wird dann praktisch vollkommen geistlich.

Die Spuren des Fleisches

Vom Geist geleitete Menschen haben nichts Böses im Herzen und da sie vom Geist erfüllt sind, sind sie immer glücklich. Das Szenario ist aber noch nicht komplett. Sie haben immer noch eine „Spur des Fleisches". Spuren des Fleisches sind mit der Persönlichkeit beziehungsweise der ursprünglichen Natur eines Menschen verbunden. Manche sind treu, gerecht und und direkt, aber sie sind weder großherzig noch voller Mitgefühl. Andere Menschen sind erfüllt von Liebe und genießen es, andere zu beschenken, aber möglicherweise sind sie zu emotional oder aber ihre Worte und ihr Verhalten brauchen noch etwas Feinschliff.

Da diese Eigenschaften als Spuren des Fleisches in ihrer Natur bleiben, wirken sie sich noch aus, selbst nachdem sie ihr Leben vom Geist bestimmen lassen. Es ist wie mit Kleidung, auf der alte Flecken sind. Die Originalfarbe des Stoffes bekommt man nie vollkommen wieder zurück, selbst wenn man ihn noch so sehr wäscht. Diese Spuren des Fleisches können nicht als böse betrachtet werden; sie müssen vielmehr abgelegt und durch die Erfüllung mit den neun Früchten des Geistes vollständig ersetzt werden, so dass wir uns ganz vom Geist prägen lassen. Wir können sagen, dass ein Herz, das wie ein gut gepflügtes Feld keine Unwahrheiten mehr enthält, „Geist" ist. Wenn Samen auf einem gut gepflügten Feld (das heißt Herzen) ausgesät wird und wunderschöne geistliche Früchte hervorbringt, dann können wir das Herz als „ganz vom Geist geprägt" beschreiben.

Als König David im Geist war, ließ Gott eine Prüfung zu. Eines Tages befahl David Joab, eine Volkszählung zu veranstalten, das heißt, die wehrfähigen Männer wurden gemustert. Joab wusste, dass es in Gottes Augen nicht recht war und versuchte, es David auszureden. Jedoch wollte er es nicht hören. Das Ergebnis war, dass Gottes Zorn kam und viele Menschen durch eine Plage starben.

David kannte den Willen Gottes sehr wohl. Wieso ließ er dann zu, dass etwas Derartiges geschah? Damals verfolgte König Saul David für eine lange Zeit und kämpfte in vielen Schlachten gegen die Heiden. Einmal wurde er von seinem eigenen Sohn verfolgt und mit dem Tode bedroht. Eine lange Zeit verging, Davids politische Macht festigte sich, die Nation wurde mächtiger, doch dann ließ er nach, weil er sich einfach entspannte. Und danach wollte er wegen der großen Bevölkerung prahlen.

In 2. Mose 30,12 steht geschrieben: „*Wenn du die Gesamtzahl der Söhne Israel aufnimmst nach ihren Gemusterten, dann sollen sie bei ihrer Musterung ein jeder dem HERRN ein Lösegeld für sein Leben geben, damit bei ihrer Musterung keine Plage über sie kommt.*" Gott befahl den Kindern Israel, eine Volkszählung durchzuführen. Der Grund war, dass das Volk organisiert werden sollte. Doch jeder musste dem Herrn dafür ein Lösegeld zahlen. Damit sollten sie sich daran erinnern, dass ihr Leben vom Schutz Gottes abhing und dass sie demütig blieben. Eine Volkszählung durchzuführen ist an sich keine Sünde; wenn nötig, konnte sie durchgeführt werden. Gott wollte in allererster Linie Demut und dass man erkannte, dass die Macht, viele Menschen zu haben, von Ihm kommt.

Dennoch ließ David, ohne dass Gott es befohlen hätte, das Volk zählen. Damit sollte aufgezeigt werden, was in seinem Herzen vor sich ging – nämlich, dass er sich nicht auf Gott, sondern auf Menschen verließ; viele Menschen bedeuteten ein großes, starkes Volk und viele Soldaten. Als David seinen Fehler erkannte, tat er sofort Buße, aber da steckte er bereits tief in seiner Prüfung. Die Plage brach im ganzen Land Israel aus und 70.000 Menschen starben sofort.

Natürlich starben so viele Leute nicht allein aufgrund von Davids Arroganz. Könige können jederzeit eine Volkszählung durchführen; es war nicht seine Absicht, zu sündigen. Aus menschlicher Sicht können wir nicht behaupten, er hätte gesündigt. Doch Gottes kann von Seinem perfekten Blickwinkel aus sagen, dass sich David nicht vollkommen auf Ihn verließ und überheblich war.

Manche Dinge sind in den Augen des Menschen nicht Böse, aber aus Gottes vollkommener Sichtweise können sie als böse betrachtet werden. Das sind die „Spuren des Fleisches", die noch bleiben, nachdem jemand geheiligt wird. Gott ließ diese Prüfung für Israel durch David zu, um ihn vollkommener zu machen, indem Er die Spuren des Fleisches entfernen wollte. Der wichtigste Grund für die Plage war die Sünde Israels, die den Zorn Gottes auslöste. In 2. Samuel 24,1 lesen wir: *„Und* *wieder entbrannte der Zorn des HERRN gegen Israel. Und er reizte David gegen sie auf zu sagen: Geh hin, zähle Israel und Juda!"*

Bei der Plage wurden die Menschen, die gerettet werden konnten, nicht bestraft. Diejenigen, die starben, hatten Sünden begangen und waren deshalb für Gott nicht akzeptabel. David trauerte und tat gründlich Buße, als er sah, dass Menschen wegen dem, was er getan hatte, starben. Gott wirkte doppelt – bei einem einzelnen Vorfall. Er bestrafte die Menschen, die gesündigt hatten und gleichzeitig läuterte Er David.

Nachdem Gott David bestraft hatte, ließ Er ihn ein Sündopfer auf der Tenne von Arauna darbringen. David tat, was Gott ihm auftrug. Er fing an, den Ort für den Bau des Tempels vorzubereiten. Daran erkennen wir, dass er die Gnade Gottes wiedererlangte. Nach dieser Prüfung demütigte sich David noch mehr; für ihn war dies ein Schritt in die Richtung, um vollkommen vom Geist geprägt zu sein.

Beweise für ein vollkommen vom Geist geprägtes Wesen

Wenn wir die Ebene erreichen, wo wir vollkommen vom Geist geprägt sind, wird es dafür Beweise geben, das heißt, wir werden reiche Früchte des Geistes tragen. Dies bedeutet allerdings nicht, dass wir keinerlei Früchte tragen, bevor wir diese Ebene erreichen. Menschen, die total vom Geist geprägt sind, tragen Früchte der geistlichen Liebe, Früchte des Lichts, die neun Früchte des Heiligen Geistes und der Seligpreisungen. Da sie noch in diesem Prozess des Früchtetragens sind, sind die Früchte an sich auch noch nicht vollkommen entwickelt. Alle vom Geist geleiteten Menschen haben verschiedene Ebenen beim Tragen ihrer geistlichen Früchte.

Wenn jemand beispielsweise Gottes Befehl gewisse Dinge zu „bewahren" beziehungsweise „abzulegen" gehorcht, hegt er weder Hass noch ungute Gefühle – egal in welcher Situation. Es gibt allerdings bei vom Geist geleiteten Menschen Unterschiede beim Maß der Frucht in Bezug auf die Gebote Gottes, dass wir gewisse Dinge „tun" sollen. Zum Beispiel sagt Gott, wir sollen „lieben". Es gibt die Ebene, wo man andere Menschen einfach nicht hasst; es gibt allerdings auch eine Ebene, wo man die Herzen anderer berühren kann, wenn man ihnen aktiv dient. Darüber hinaus existiert eine Ebene, wo man selbst sein Leben für andere hingeben würde. Wenn sich dies nie ändert und vollkommen ist, können wir davon sprechen, dass wir ganz und gar vom Geist geprägt sind.

Es gibt auch Unterschiede in Bezug darauf, wie viel von der Frucht des Heiligen Geistes hervorgebracht wird. Bei Menschen, die vom Geist geleitet werden, kann jemand eine gewisse Frucht zu 50 Prozent und eine andere zu 70 Prozent tragen. Einer fließt vielleicht in Liebe über, hat aber bei der Selbstkontrolle Mangel oder aber einer ist sehr treu, doch es mangelt ihm an Sanftmut. Menschen, die sich dagegen ganz und gar vom Geist prägen lassen, bringen alle Früchte des Heiligen Geistes im vollen Maß zu Reife. Der Heilige Geist bewegt und kontrolliert ihr Herz zu 100 Prozent, so dass sie in allem Harmonie haben und es ihnen an nichts mangelt. Sie haben eine brennende Leidenschaft für den Herrn und gleichzeitig die perfekte Selbstkontrolle, um sich in jeder Situation richtig zu verhalten.

Sie sind demütig und sanft, wie ein Stück Baumwolle und dennoch haben sie die Würde und Autorität eines Löwen. Sie haben die nötige Liebe, um danach zu trachten, was anderen gut tut. Sie opfern ihr Leben sogar für ihre Mitmenschen. Dabei haben sie keine Vorlieben. Sie gehorchen der Gerechtigkeit Gottes. Selbst wenn Gott ihnen etwas aufträgt, das für Menschen unmöglich ist, gehorchen sie mit einem „Ja, amen."

Äußerlich sehen die Taten des Gehorsams bei Menschen, die sich vom Geist leiten lassen und denen, die ganz und gar von Ihm geprägt sind, gleich aus, aber sie unterscheiden sich dennoch. Vom Geist geleitete Menschen gehorchen Gott, weil sie Ihn lieben, während vom Geist vollkommen geprägte Menschen Gott gehorchen und die tief im Herzen Gottes gelegenen Absichten verstehen. Ganz vom Geist geprägte Menschen werden zu echten Kindern Gottes, die Sein Herz und die ganze Fülle des Christus in allen Bereichen erreicht haben. Sie trachten in allem nach Heiligung, haben mit allen Menschen Frieden und sind im ganzen Haus Gottes treu.

In 1. Thessalonicher 4,3 heißt es: „*Denn dies ist Gottes Wille: eure Heiligung, dass ihr euch von der Unzucht fernhaltet.*"

Und in 1. Thessalonicher 5,23 lesen wir: *„Er selbst aber, der Gott des Friedens, heilige euch völlig; und vollständig möge euer Geist und Seele und Leib untadelig bewahrt werden bei der Ankunft unseres Herrn Jesus Christus!"*

Die Rückkehr unseres Herrn Jesus Christus bedeutet, dass Er Seine Kinder vor der siebenjährigen Trübsal heimholen wird. Das bedeutet, dass sie eine geistliche Ebene erreicht haben und sich vollkommen bewahren, um dem Herrn zu begegnen, bevor dieses Ereignis stattfindet. Wenn wir dahin kommen, dass wir vollkommen vom Geist durchdrungen sind, gehören auch unsere Seele und unser Leib ganz und gar dem Geist und da wir schuldlos sind, werden wir den Herrn empfangen können.

Segnungen für vom Geist erfüllte oder von Ihm ganz geprägte Menschen

Bei Menschen, die vom Geist geleitet werden, gedeiht die Seele, ihnen geht es gut und sie sind gesund (3. Johannes 1,2). Sie haben das Böse aus der Tiefe ihres Herzens verbannt, so dass sie im wahrsten Sinne des Wortes heilige Kinder Gottes sind. Damit können sie die geistliche Autorität von Kindern des Lichts genießen.

Erstens: Sie sind gesund und sie bekommen keine Krankheiten. Wenn wir uns in den Geist begeben, schützt uns Gott vor Krankheiten und Unfällen und wir können ein Leben in Gesundheit genießen. Selbst im Alter werden wir nicht schwächlich und bekommen auch keine Falten. Wenn wir uns ganz und gar vom Heiligen Geist durchdringen und leiten lassen, werden Falten sogar geglättet. Solche Menschen werden jünger und bekommen ihre Kraft zurück.

Als Abraham die Prüfung (Isaak zu opfern) bestand, wurde er zu einem vollkommen vom Geist geleiteten Menschen. Er zeugte sogar noch mit über 140 Jahren Kinder. Das heißt, er erlebte eine Verjüngung. Auch Mose, der sanftmütigste und demütigste Mensch auf Erden, der je gelebt hat, arbeitete 40 Jahren lang voller Kraft und Elan, nachdem er im Alter von 80 Jahren den Ruf Gottes vernommen hatte. Selbst mit 120 Jahren war *„sein Auge … nicht trübe geworden und seine Frische nicht geschwunden"* (5. Mose 34,7).

Zweitens: Vom Geist geleitete Menschen haben nichts Böses im Herzen, so dass der Teufel sie nicht mit Prüfungen behelligen kann. In 1. Johannes 5,18 heißt es: *„Wir wissen, dass jeder, der aus Gott geboren ist, nicht sündigt; sondern der aus Gott Geborene bewahrt ihn, und der Böse tastet ihn nicht an."* Der Feind greift fleischlich ausgerichtete Menschen an und bedrängt sie mit Trübsal.

Hiob befand sich anfangs in einem Zustand, wo er noch nicht alles Böse aus seinem Naturell entfernt hatte. Als Satan ihn vor Gott verklagte, ließ Gott Prüfungen zu. Doch Hiob erkannte das Böse in sich und tat Buße, während er durch diese

Prüfungen ging, die durch die Anschuldigungen von Satan verursacht wurden. Als Hiob alles Böse ablegte und sich geistlich ausrichtete, konnte Satan ihm nichts mehr vorwerfen. Darum segnete Gott ihn mit doppelt so vielen Segnungen wie vorher.

Drittens: Vom Geist geleitete Menschen hören die Stimme des Heiligen Geistes und empfangen Seine Führung, so dass sie in allen Bereichen Wohlstand und Gelingen erleben. Bei geistlich ausgerichteten Menschen ist das Herz wahrhaftig geworden, so dass sie tatsächlich gemäß der Wahrheit leben. Sie bekommen klare Eindrücke vom Heiligen Geist und gehorchen Ihm. Wenn sie beten, dass etwas geschehen soll, halten sie daran mit unverändertem Glauben fest, bis sie die Gebetserhörung erleben.

Wenn wir so ständig gehorsam sind, leitet uns Gott und gibt uns Weisheit und Verstand. Wenn wir alles vollkommen in Seinen Händen lassen, beschützt Er uns, selbst wenn wir fälschlicherweise einen Weg einschlagen, der gar nicht Seinem Willen entspricht. Auch wenn uns jemand eine Grube gräbt, leitet Er uns um sie herum – so dass uns alles zum Guten dient.

Viertens: Vom Geist durchdrungene Menschen empfangen alles, was sie sich wünschen, schnell. Sie können Gebetserhörungen erleben, wenn sie nur über etwas nachdenken. In 1. Johannes 3,21-22 steht geschrieben: *„Geliebte, wenn das Herz uns nicht verurteilt, haben wir Freimütigkeit zu Gott, und was immer wir bitten, empfangen wir von ihm, weil wir seine Gebote halten und das vor ihm Wohlgefällige tun.“* Dieser

Segen kommt auf sie.

Selbst die, die keine besonderen Gaben oder keine besondere Erkenntnis haben, können sowohl geistlichen als auch materillen Segen im Überfluss empfangen, wenn sie sich in den Geist begeben, denn Gott bereitet alles für sie vor und leitet sie.

Wenn wir säen und im Glauben beten, empfangen wir den Segen – und zwar ein gedrücktes und gerütteltes und überlaufendes Maß (Lukas 6,38). Wenn wir dann aber in den Geist übergehen, empfangen wir dreißig Mal mehr. Wenn wir uns vollkommen vom Heiligen Geist leiten lassen, ist es sogar das Sechzig- bis Hundertfache. Menschen, die im Geist wandeln und sich ganz und gar vom Geist leiten lassen, können alles Mögliche empfangen; sie brauchen die Sache nur im Herzen zu bewegen.

Die Segnungen, die vollkommen vom Geist geleitete Menschen geschenkt bekommen, lassen sich nicht adäquat beschreiben. Sie haben ihre Lust an Gott und so hat Gott Seine Freude an ihnen, wie wir in Psalm 37,4 lesen: „... *habe deine Lust am HERRN, so wird er dir geben, was dein Herz begehrt.*" Gott gibt ihnen von sich aus alles, was sie brauchen: Geld, Berühmtheit, Autorität und Gesundheit.

Diese Menschen haben in ihrem Leben auf der persönlichen Ebene keinen Mangel und brauchen eigentlich auch gar nicht für persönliche Belange beten. Stattdessen beten sie immer für das Königreich und die Gerechtigkeit Gottes sowie für Seelen, die Gott nicht kennen. Ihre Gebete sind wunderschön und steigen vor Gott wie ein intensiver Wohlgeruch auf, denn diese

Gebete sind gut, frei vom Bösen und sie gelten den Seelen der Menschen. Darum hat Gott so viel Freude an ihnen.

Diejenigen, die ganz vom Geist geleitet werden, lieben andere Menschen und beten eifrig für sie. Auch können sie erstaunlich viel Kraft demonstrieren, wie es in der Apostelgeschichte 1,8 geschrieben steht: *„Aber ihr werdet Kraft empfangen, wenn der Heilige Geist auf euch gekommen ist; und ihr werdet meine Zeugen sein, sowohl in Jerusalem als auch in ganz Judäa und Samaria und bis an das Ende der Erde.“* Wie gesagt lieben und gefallen diejenigen Gott am meisten, die zu geistlich geprägten und vollkommen vom Heiligen Geist geleiteten Menschen geworden sind. Diese Menschen empfangen alle in der Bibel festgehaltenen Verheißungen.

Kapitel 2

Gottes ursprünglicher Plan

Gott wollte nicht, dass Adam ewig lebt, ohne Glück, Freude,
Dank und Liebe wirklich zu kennen.
Er setzte den Baum von der Erkenntnis des Guten
und des Bösen in den Garten,
so dass Adam irgendwann die Dinge des Fleisches erleben konnte.

Warum schuf Gott den Menschen nicht als Geist?

Die Wichtigkeit des freien Willens und der Bewahrung der Gedanken

Warum der Mensch geschaffen wurde

Gott will von Seinen wahren Kindern Ehre empfangen

In der Menschheitsgeschichte werden Menschen des Fleisches – also vom Fleisch gesteuerte Menschen – wieder zurückverwandelt in solche, die vom Geist gelenkt werden. Wenn wir uns dieser Tatsache nicht bewusst sind und einfach in die Gemeinde gehen, ist das sinnlos. Es gibt viele Menschen, die in die Kirche gehen, aber noch nicht durch den Heiligen Geist wiedergeboren sind. Darum haben sie auch keine Heilsgewissheit. Es ist nicht der Sinn und Zweck eines Lebens als Christ bloß errettet zu werden, sondern das Ebenbild Gottes wiederzuerlangen, die Liebe Gottes weiterzugeben und Ihm für immer als Seine wahren Kinder die Ehre zu geben.

Was war die Absicht Gottes, als er Adam als lebendigen Geist schuf und damit die Geschichte der Menschheit auf Erden begann? In 1. Mose 2,7-8 heißt es: *„[D]a bildete Gott, der HERR, den Menschen, aus Staub vom Erdboden und hauchte in seine Nase Atem des Lebens; so wurde der Mensch eine lebende Seele. Und Gott, der HERR, pflanzte einen Garten in Eden im Osten, und er setzte dorthin den Menschen, den er gebildet hatte."*

Gott schuf Himmel und Erde hauptsächlich durch Sein Wort, den Menschen allerdings mit Seinen Händen. Die himmlischen Heerscharen und die Engel wurden als geistliche Wesen erschaffen. Auch wenn der Mensch am Ende im Himmel leben sollte, war es in ihrem Fall nicht so. Warum ging Gott den schwierigen Schritt und schuf den Menschen vom Staub der Erde? Warum schuf Er sie nicht als ihn nicht gleich von Anfang an als Geist? Hierin ist der besondere Plan Gottes zu finden.

Warum schuf Gott den Menschen nicht als Geist?

Hätte Gott den Menschen nicht vom Staub der Erde geschaffen, sondern nur einen Geist, hätte er im Fleisch nichts erleben können. Wenn er nur als Geist geschaffen worden wäre, hätte er dem Wort Gottes gehorcht und nie vom Baum der Erkenntnis des Guten und des Bösen gegessen. Die Eigenschaften des Bodens können geändert werden (oder sich selbst verändern), je nachdem, wie man den Boden behandelt. Der Grund, warum Adam verderblich war, obwohl er im geistlichen Raum geschaffen wurde, ist, dass er vom Staub der Erde geschaffen worden war. Das heißt aber nicht, dass der Prozess seines Verderbens gleich vom Anfang an geschah.

Der Garten Eden ist ein geistlicher Ort, erfüllt mit der Energie Gottes und darum konnte Satan fleischliche Attribute in Adams Herz säen. Doch weil Gott Adam einen freien Willen gab, konnte dieser Fleischliches akzeptieren, wenn er ein Verlangen danach hatte und bereit war, dem nachzugehen.

216

Obwohl er ein lebendiger Geist war, kam das Fleischliche zu ihm, wenn er es freiwillig annahm. Nachdem eine lange Zeit vergangen war, öffnete er sein Herz für die Versuchungen von Satan und akzeptierte das Fleischliche.

Der Grund, warum Gott den Menschen überhaupt einen freien Willen gab, war die menschliche Zivilisation. Wenn Gott Adam keinen freien Willen gegeben hätte, hätte Adam nichts Fleischliches akzeptiert. Das bedeutet, es hätte nie eine menschliche Zivilisation gegeben. In Seiner Vorsehung für die Menschheit musste es eine menschliche Zivilisation geben und in Seinem Allwissen schuf Gott Adam nicht als geistliches Wesen.

Die Wichtigkeit des freien Willens und der Bewahrung der Gedanken

In 1. Mose 2,17 wird es so beschrieben: *„[A]ber vom Baum der Erkenntnis des Guten und Bösen, davon darfst du nicht essen; denn an dem Tag, da du davon isst, musst du sterben!"* Wie ich bereits erklärt habe, gab es eine tiefgreifende Vorsehung Gottes, als Er Adam aus dem Staub der Erde schuf und ihm einen freien Willen gab. Er hatte die menschliche Zivilisation im Sinn. Menschen können nur zu wahren Kindern Gottes werden, wenn sie den Prozess der menschlichen Zivilisation durchlaufen.

Einer der Gründe, warum die Sünde in Adam eindrang, war sein freier Wille; der andere Grund war, dass er sich nicht auf das Wort Gottes konzentrierte. Sich auf das Wort Gottes zu konzentrieren heißt, es ins Herz einzugravieren und es fortwährend umzusetzen.

Manche Leute machen die gleichen Fehler immer wieder, während andere Fehler nicht wiederholen. Der Unterschied besteht darin, dass einige an etwas denken, andere aber nicht. Die Sünde traf Adam, weil er nicht wusste, wie wichtig es ist, immer an das Wort Gottes zu denken. Wir dagegen können den Geist wiedererlangen, wenn wir immer an das Wort Gottes denken und ihm gehorchen. Darum ist es von so großer Bedeutung, unseren Sinn mit dem Wort Gottes zu füllen.

Für die Menschen, deren Geist durch die erste Sünde tot war, gilt, dass sie Jesus Christus annehmen und den Heiligen Geist empfangen können, so dass ihr toter Geist wiederbelebt werden kann. Von dem Zeitpunkt an werden sie, solange sie an Gottes Wort denken und es in ihrem Leben in die Tat umsetzen, durch den Heiligen Geist Geistliches hervorbringen. So wachsen sie geistlich schnell. Darum spielt es beim Wiedererlangen des Geistes eine so große Rolle, dass man sich an das Wort Gottes hält und es im Leben konstant in die Tat umsetzt.

Warum der Mensch geschaffen wurde

Im Himmel gibt es viele geistliche Wesen, wie die Engel, die Gott jederzeit gehorchen. Doch abgesehen von einigen wenigen Ausnahmen, verfügen sie nicht über menschlichen Eigenschaften. Sie haben keinen freien Willen, mit dem sie entscheiden könnten, ihre Liebe zu verschenken. Darum schuf Gott Adam als ein Wesen, mit dem Er Seine wahre Leibe teilen konnte.

Stellen Sie sich für einen Augenblick vor, wie glücklich Gott gewesen sein muss, als Er den ersten Menschen schuf. Als Er seine Lippen formte, wollte Er, dass Adam Ihn preist. Er schuf seine Ohren und wollte, dass er auf die Stimme Gottes hörte und ihr gehorchte. Er schuf seine Augen und wollte, dass er Ihn und die Schönheit all dessen, was Er geschaffen hatte, sehen und Ihm dafür die Ehre geben würde.

Der Sinn und Zweck, warum Gott menschliche Wesen schuf, ist es, Lobpreis und Ehre von ihnen zu empfangen und Seine Liebe mit ihnen zu teilen. Er wollte Kinder haben, um alles Schöne im Universum und im Himmel mit ihnen zu teilen. Er wollte mit ihnen in Ewigkeit glücklich sein.

In der Offenbarung sehen wir, wie die erretteten Kinder Gottes Ihn in Ewigkeit vor seinem Thron loben und anbeten. Wenn sie in den Himmel kommen, werden sie so viel Schönes und so viel Freude erleben, dass sie gar nicht anders können, als Gott aus der Tiefe ihres Herzens zu loben und zu preisen – weil Seine Vorsehung so tief und geheimnisvoll ist.

Der als lebendiger Geist geschaffene Mensch wurde allerdings zu einem Menschen des Fleisches. Wenn er wieder zu einem geistlichen Menschen wird, nachdem er Freude, Zorn, Liebe und Leid erfahren hat, kann er zu einem echten Kind Gottes werden, das Gott von Herzen in Liebe, Dankbarkeit und Ehrerbietung begegnet.

Als Adam im Garten Eden lebte, konnte er nicht als wahres Kind Gottes betrachtet werden. Gott brachte ihm nur Güte und Wahrheit bei, so dass er über Sünde und das Böse nichts wusste. Er hatte keine Vorstellung, was Unglück oder Schmerzen waren. Der Garten Eden ist ein geistlicher Ort, dort gibt es kein Verderben und keinen Tod.

Adam wusste nicht, was der Tod bedeutete. Obwohl er mit so viel Überfluss lebte, konnte er Glück, Freude und Dankbarkeit nicht wirklich spüren. Da er nie Leid oder Unglück kennen gelernt hatte, konnte er andererseits auch keine echte Freude, kein wahres Glück wahrnehmen. Er wusste nicht, was Hass war und er kannte auch keine wahre Liebe. Gott wollte nicht, dass Adam für immer lebt, ohne Glück, Freude, Dankbarkeit und Liebe wahrhaftig erlebt zu haben. Darum setzte Er den Baum mit der Erkenntnis von Gut und Böse in den Garten Eden und später lernte Adam deshalb das Fleischliche kennen.

Wenn diejenigen, die die fleischliche Welt erlebt haben, wieder zu echten Kindern Gottes werden, verstehen sie wirklich, wie Gut der Geist und wie kostbar die Wahrheit ist. Dann können sie wahrhaftig Gott für die Gabe des ewigen Lebens danken. Wenn wir das Herz Gottes erst einmal verstehen, stellen wir nicht in Frage, warum Er den Baum der Erkenntnis von Gut und Böse schuf und warum die Menschen deshalb leiden mussten. Stattdessen danken wir Gott und geben Ihm die Ehre, weil Er uns Seinen eingeborenen Sohn Jesus gab, damit Er die

Menschen rettet.

Gott will von Seinen wahren Kindern Ehre empfangen

Gott schreibt mit der Menschheit Geschichte – nicht nur, um wahre Kinder zu haben, sondern auch um Ehre zu bekommen. In Jesaja 43,7 heißt es: *„[J]eden, der mit meinem Namen genannt ist und den ich zu meiner Ehre geschaffen, den ich gebildet, ja, gemacht habe!"* In 1. Korinther 10,31 lesen wir: *„Ob ihr nun esst oder trinkt oder sonst etwas tut, tut alles zur Ehre Gottes!"*

Gott ist der Gott der Liebe und Gerechtigkeit. Er bereitete nicht nur den Himmel und das ewige Leben für uns vor, sondern gab auch Seinen einzigen Sohn, um uns zu retten. Gott ist allein deswegen schon würdig, alle Ehre zu bekommen. Doch das, was Gott wollte, war nicht nur einfach Ehre zu empfangen. Der eigentliche Grund, warum Gott Ehre empfangen will, ist, dass Er sie Seinem Volk, das Ihn verherrlicht hat, zurückgibt. In Johannes 13,32 steht geschrieben: *„Wenn Gott verherrlicht ist in ihm, so wird auch Gott ihn verherrlichen in sich selbst, und er wird ihn sogleich verherrlichen."*

Wenn Gott von uns Ehre bekommt, beschenkt Er uns auf dieser Erde mit überfließendem Segen und Er wird uns auch im himmlischen Königreich Herrlichkeit geben – in Ewigkeit. In 1. Korinther 15,41 heißt es: *„[E]in anderer der Glanz der Sonne und ein anderer der Glanz des Mondes und ein anderer der Glanz der Sterne, denn es unterscheidet sich Stern von Stern* *an Glanz. "*

Beschrieben werden hier die verschiedenen Wohnorte und Grade an Herrlichkeit, die jeder von uns, der gerettet ist, im himmlischen Königreich genießen wird. Über den himmlischen Wohnort und die Herrlichkeit wird gemäß dem entschieden, wie wir unsere Sünden abgelegt und mit reinen und heiligen Herzen im Königreich Gottes gedient haben. Wenn darüber befunden wurde, wird es nie mehr geändert.

Gott schuf den Menschen, um echte Kinder zu haben, die dem Geist gehören. Der ursprüngliche Plan Gottes war es, dass der Mensch seinen eigenen freien Willen benutzt, um das Fleischliche und Seelische abzulegen, was zur Unwahrheit gehört, und dass er sich in einen vom Geist geprägten Menschen entwickelt, der vollkommen von Ihm geleitet wird. Diese ursprüngliche Absicht Gottes bei der Schöpfung und mit der Menschheit wird durch diejenigen erfüllt, die zu Menschen werden, die vom Geist geprägt und geleitet werden.

Wie viele Menschen gibt es Ihrer Meinung nach heute, die ein Leben führen, dass der Absicht Gottes, die Er hatte, als er Menschen schuf, würdig ist? Würden wir den Sinn Gottes in der Schöpfung des Menschen wirklich verstehen, würden wir definitiv das Ebenbild, das durch Adams Sünde verloren ging, wiedererlangen wollen. Wir würden nur die Wahrheit sehen, hören und sprechen. Alle unsere Gedanken und Taten wären heilig und vollkommen. So wird man zu einem wahren

Kind Gottes, was mehr Freude bereiten würde als die, die Gott verspürte, nachdem er Adam geschaffen hatte. Es sind die wahren Kinder Gottes, die die Herrlichkeit des Himmels genießen werden, die sich nicht mit der Herrlichkeit vergleichen lässt, die Adam als lebendiger Geist im Garten Eden erlebte.

Echte Menschen

Gott schuf den Menschen in Seinem Ebenbild.
Es ist Sein ernsthafter Wille, dass wir dieses verlorene
Ebenbild Gottes wiedererlangen
und an Seiner göttlichen Natur teilhaben.

Wenn wir das Wort Gottes praktizieren, können wir ein geistliches Herz entwickeln, dass mit der Erkenntnis der Wahrheit angefüllt ist, wie damals bei Adam, der ein geistliches Wesen war, bevor er sündigte. Die Pflicht des Menschen besteht darin, das Ebenbild Gottes wiederzuerlangen, das durch den Sündenfall verloren ging, und teilhaftig zu werden an der göttlichen Natur. In der Bibel sehen wir, wie diejenigen, die das Wort Gottes empfingen und weitergaben, die Geheimnisse Gottes aussprachen und Seine Macht demonstrierten, um den lebendigen Gott sichtbar zu machen, als edle Menschen betrachtet wurden, so dass sich sogar Könige vor ihnen verneigten. Der Grund ist, dass sie wahre Kinder des höchsten Gottes waren (Psalm 82,6).

König Nebukadnezar von Babylon hatte eines Tages einen Traum. Er rief seine Zauberer und Chaldäer zu sich. Sie sollten ihm den Traum und die Auslegung geben, ohne dass er ihnen den Traum erzählte. Allein aus menschlicher Kraft wäre das nicht möglich gewesen, aber nicht für Gott, denn Er ist nicht an einen menschlichen Körper gebunden.

Dann bat Daniel, der ein Mann Gottes war, den König, um Zeit, bevor er ihm die Auslegung seines Traumes gab. Gott zeigte Daniel nachts in einer Vision Geheimnisse. So trat Daniel vor den König, erzählte ihm den Traum und legte ihn aus. Daraufhin fiel König Nebukadnezar auf sein Angesicht, huldigte Daniel und befahl, dass ihm ein Opfer und duftender Weihrauch gebracht und dass Gott alle Ehre gegeben werden sollte.

Die Pflicht des Menschen

König Salomo kam in den Genuss von Prunk und Reichtum wie kein anderer. Da sein Vater David ein vereintes Königreich aufgebaut hatte, wurde der Machteinfluss seines Landes immer größer und viele Nachbarländer entrichteten einen Tribut. Unter seiner Herrschaft erreichte das Königreich den Gipfel seiner Blütezeit (1. Könige 10).

Im Laufe der Zeit vergaß er die Gnade Gottes. Er dachte, alles wäre durch seine eigene Macht zustande gekommen. Er vernachlässigte das Wort Gottes und verstieß gegen Sein Gebot, fremde Frauen zu heiraten. Er nahm sich gegen Ende seines Lebens viele heidnische Nebenfrauen. Dazu kam, dass er Höhenheiligtümer einrichtete, wie das seine heidnischen Konkubinen wollten, und dass er selbst Götzen anbetete.

Gott warnte ihn zweimal, fremden Göttern nicht nachzulaufen. Doch Salomo gehorchte Ihm nicht. Am Ende brach der Zorn Gottes über die nächste Generation herein und Israel wurde in zwei Königreiche aufgespalten. Er hätte alles haben können, was er wollte, doch am Ende seiner Tage bekannte er: *„Nichtigkeit der Nichtigkeiten, alles ist Nichtigkeit!"* (Prediger 1,2).

Ihm wurde klar, dass alle Dinge dieser Welt bedeutungslos waren und kam zu dem Schluss: *„Das Endergebnis des Ganzen lasst uns hören: Fürchte Gott und halte seine Gebote! Denn das soll jeder Mensch tun"* (Prediger 12,13). Damit drückte er aus, dass es die Pflicht eines jeden Menschen ist, Gott zu fürchten und Seine Gebote zu halten.

Was bedeutet das? *„Die Furcht des HERRN bedeutet, Böses zu hassen"* (Sprüche 8,13). Diejenigen, die Gott lieben, werden das Böse ablegen und Seine Gebote halten und auf diese Weise ihre Pflicht als Mensch erfüllen. Wir können uns als vollwertige Menschen bezeichnen, wenn wir ein Herz entwickeln, das vollkommen wie Gottes Herz ist, um so das Ebenbild von Gott wiederzuerlangen. Schauen wir uns anhand der Patriarchen und echter Männer des Glaubens ein paar Beispiele für Menschen an, die Gottes Wohlgefallen hatten.

Gott wandelte mit Henoch

Gott wandelte über 300 Jahre mit Henoch und dann nahm Er ihn lebendig zu sich. Der Lohn der Sünde ist der Tod – und die Tatsache, dass Henoch in den Himmel aufgenommen wurde, ohne den Tod zu sehen, beweist, dass Gott ihn als sündlos sah. Er hatte sein Herz rein und frei von Schuld bewahrt, es war ein Herz, welches das Herz Gottes widerspiegelte. Darum konnte

Satan ihm nichts vorhalten, als er lebendig entrückt wurde.

In 1. Mose 5,21-24 steht geschrieben: „*Und Henoch lebte 65 Jahre und zeugte Metuschelach. Und Henoch wandelte mit Gott, nachdem er Metuschelach gezeugt hatte, 300 Jahre und zeugte Söhne und Töchter. Und alle Tage Henochs betrugen 365 Jahre. Und Henoch wandelte mit Gott; und er war nicht mehr da, denn Gott nahm ihn hinweg.*"

„Mit Gott zu wandeln" bedeutet, dass Gott die ganze Zeit bei einer Person ist. Henoch lebte über 300 Jahre lang und hielt sich an den Willen Gottes. Er war bei ihm, egal wohin er ging.

Gott ist Licht, Güte und die Liebe selbst. Um mit einem solchen Gott zu wandeln, dürfen wir keine Finsternis im Herzen haben und müssen mit Güte und Liebe erfüllt sein. Henoch lebte in einer sündigen Welt, doch er blieb rein. Er überbrachte der Welt auch eine Botschaft von Gott. In Judas 1,14 lesen wir: „*Es hat aber auch Henoch, der Siebente von Adam an, von ihnen geweissagt und gesagt: Siehe, der Herr ist gekommen mit seinen heiligen Myriaden.*" Wie es geschrieben steht, ließ er die Menschen wissen, dass der Herr wiederkehren und es einen Gerichtstag geben würde.

Die Bibel berichtet nicht von großartigen Errungenschaften Henochs oder dass er etwas Außergewöhnliches für Gott getan hätte. Aber Gott liebte ihn sehr, weil er Ihn verehrte, ein heiliges Leben führte und das Böse mied. Darum holte Gott ihn schon in „jungen Jahren" zu sich. Damals lebten die Menschen bis zu 900 Jahre lang, aber er war erst 365, als Gott ihn zu sich nahm.

Er war also noch ein junger, starker Mann.

In Hebräer 11,5 lesen wir: „*Durch Glauben wurde Henoch entrückt, so dass er den Tod nicht sah, und er wurde nicht gefunden, weil Gott ihn entrückt hatte; denn vor der Entrückung hat er das Zeugnis gehabt, dass er Gott wohlgefallen habe.*"

Selbst heute noch will Gott, dass wir heilig und gottwohlgefällig leben, ein reines, gutes Herz haben, das nicht von der Welt besudelt ist, so dass Er allezeit mit uns wandeln kann.

Gottes Freund Abraham

Gott wollte, dass die Menschheit am Beispiel von Abraham, dem „Vater des Glaubens", erkannte, wie ein echtes Kind Gottes sein sollte. Ein Freund ist jemand, dem man vertrauen und mit dem man Geheimnisse teilen kann. Natürlich dauerte es seine Zeit, bis Abraham Gott vollkommen vertrauen konnte. Wie kam es dazu, dass Abraham als Freund Gottes in die Geschichte einging?

Abraham gehorchte und sagte einfach „ja" und „amen" zu Gott. Als er den Ruf Gottes, seine Heimat zu verlassen, das erste Mal hörte, gehorchte er einfach, ohne zu wissen, wohin er gehen sollte. Auch lag es Abraham auf dem Herzen, dass andere Menschen gesegnet würden und er jagte dem Frieden nach. Sein Neffe lebte bei ihm und als er sich aufmachen wollte, durfte sich sein Neffe das Land zuerst aussuchen. Er hätte das Recht gehabt, als erster das Land zu wählen, da er der Onkel war, doch er überließ Lot dieses Recht.

Abraham sagte in 1. Mose 13,9: *„Ist nicht das ganze Land vor dir? Trenne dich doch von mir! Willst du nach links, dann gehe ich nach rechts, und willst du nach rechts, dann gehe ich nach links."*

Abraham hatte ein gutes Herz; Gott gab ihm die Verheißung des Segens erneut. In 1. Mose 13,15-16 versprach Gott ihm: *„Denn das ganze Land, das du siehst, dir will ich es geben und deinen Nachkommen für ewig. Und ich will deine Nachkommen machen wie den Staub der Erde, so dass, wenn jemand den Staub der Erde zählen kann, auch deine Nachkommen gezählt werden."*

Eines Tages griffen eine Reihe von Königen Sodom und Gomorra an, wo Abrahams Neffe Lot lebte; sie nahmen die Leute gefangen und machten Kriegsbeute. Abraham führte seine ausgebildeten Leute, die in seinem Haus geboren worden waren, hinaus. Es waren 318. Mit ihnen ging er auf Verfolgungsjagd bis nach Dan. Er holte alle Güter zurück – ebenso wie seinen Verwandten Lot samt dessen Besitz, seinen Frauen und allen Leuten.

An dieser Stelle wollte der König von Sodom Abraham aus Dankbarkeit etwas von der Beute abgeben. Doch Abraham erwiderte: *„Wenn ich vom Faden bis zum Schuhriemen, ja, wenn ich irgendetwas nehme von dem, was dein ist...! Damit*

230

du später nicht sagst: Ich habe Abram reich gemacht" (1. Mose 14,23). Es wäre nicht unrecht gewesen, etwas von einem König anzunehmen, doch er entschied sich, das Angebot des Königs abzulehnen, um zu zeigen, dass alle seine materiellen Segnungen allein von Gott kamen. Er trachtete nur danach, Gott die Ehre zu geben – und zwar aus einem reinen Herzen, das frei von selbstsüchtigen Wünschen war. Und dafür segnete Gott ihn überreichlich.

Als Gott Abraham befahl, seinen Sohn Isaak als Brandopfer darzubringen, gehorchte er sofort, denn er vertraute Gott, dem er zutraute, die Toten wieder zum Leben aufzuerwecken. Schließlich machte Gott ihn zum Vater des Glaubens: *„[D]arum werde ich dich reichlich segnen und deine Nachkommen überaus zahlreich machen wie die Sterne des Himmels und wie der Sand, der am Ufer des Meeres ist; und deine Nachkommenschaft wird das Tor ihrer Feinde in Besitz nehmen. Und in deinem Samen werden sich segnen alle Nationen der Erde dafür, dass du meiner Stimme gehorcht hast"* (1. Mose 22,17-18). Darüber hinaus versprach ihm Gott, dass der Sohn Gottes, Jesus, der die Menschheit retten sollte, in die Familie eines seiner Nachkommen hineingeboren werden würde.

In Johannes 15,13 steht geschrieben: *„Größere Liebe hat niemand als die, dass er sein Leben hingibt für seine Freunde."* Abraham war bereit, seinen einzigen Sohn Isaak, der für ihn kostbarer war als sein eigenes Leben, zu opfern. Damit drückte er seine Liebe zu Gott aus. Abraham sollte für die Menschheit ein

Vorbild sein; wegen seines großen Glaubens und seiner Liebe zu Gott nannte Er ihn seinen Freund.

Gott ist allmächtig und kann daher alles tun und uns alles geben. Doch Er gibt Seinen Kindern Segnungen und Antworten auf ihre Gebete in dem Maß, wie sie sich von der Wahrheit haben verändern lassen, so dass sie die Liebe Gottes – in Dankbarkeit für Seine Segnungen – wahrnehmen können.

Moses liebte Sein Volk mehr als sein eigenes Leben

Als Mose als Prinz in Ägypten lebte, tötete er einen Ägypter, um seinem eigenen Volk zu helfen, und musste deswegen aus dem Palast des Pharaos fliehen. Von da an lebte er als Hirte in der Wüste und hütete 40 Jahre lang Schafe.

Moses ging als Hirte in der Wüste von Midian einer bescheidenen Arbeit nach; er musste all seinen Stolz und seine Selbstgerechtigkeit, die er als Prinz in Ägypten hatte, ablegen. Diesem demütigen Mose erschien Gott und erteilte ihm den Auftrag, die Söhne Israel aus Ägypten herauszuführen. Mose musste dafür sein Leben riskieren, aber er gehorchte und ging zum Pharao.

Wenn wir das Verhalten der Kinder Israels betrachten, erkennen wir, was für ein großes Herz Moses hatte, als er sie akzeptierte und ins Herz schloss. Wann immer das Volk Probleme hatte, murrte es gegen Mose und wollte ihn sogar steinigen.

Als es kein Wasser hatte, beschwerte es sich, weil es Durst hatte. Als die Isareliten Wasser hatten, beschwerten sie sich, dass sie kein Essen hatten. Als Gott ihnen Manna von oben gab, beschwerten sie sich, dass sie kein Fleisch zu essen hatten. Sie behaupteten, sie hätten in Ägypten gut gegessen. Sie erklärten, das Manna sei ein miserables Essen und maßen ihm somit nur einen geringen Wert bei.

Als Gott sich von ihnen abwandte, kamen Wüstenschlangen und bissen sie. Aber sie konnten immer noch durch das eifrige Gebet von Mose gerettet werden. Die Menschen hatten sei geraumer Zeit miterlebt, dass Gott mit Mose war. Dennoch machten sie sich – schon kurz nachdem Mose nicht mehr zu sehen war – ein goldenes Kalb und beteten es an. Auch ließen sie sich von heidnischen Frauen zum Ehebruch verführen, was gleichzeitig einen geistlichen Ehebruch darstellte. Mose betete unter Tränen für das Volk zu Gott. Er bot sein Leben als Lösegeld für Vergebung für das Volk an, obwohl die Leute die empfangene Gnade schon wieder vergessen hatten.

In 2. Mose 32,31-32 lesen wir:

Darauf kehrte Mose zum HERRN zurück und sagte: Ach, dieses Volk hat eine große Sünde begangen: Sie haben sich einen Gott aus Gold gemacht. Und nun, wenn du doch ihre Sünde vergeben wolltest! Wenn aber nicht, so lösche mich denn aus deinem Buch, das du geschrieben hast, aus.

Hier bedeutet „lösche mich aus deinem Buch", dass Mose nicht errettet worden wäre und für immer im ewigen Feuer der Hölle hätte leiden müssen. Mose wusste das sehr wohl, aber er wollte Vergebung für das Volk, obwohl das bedeutet hätte, dass er sich selbst opfern musste.

Was glauben Sie, fühlte Gott, als Er Mose sah? Mose verstand das Herz Gottes, der Sünde hasst, aber Sünder retten will. Gott hatte Gefallen an ihm und liebte ihn sehr. Er erhörte das von Liebe durchdrungene Gebet von Mose und so entkamen die Kinder Israels der Zerstörung.

Stellen Sie sich Folgendes vor: Es gibt einen makellosen und etwa faustgroßen Diamanten. Auf der anderen Seite gibt es Tausende von Steinen von gleicher Größe. Was wäre kostbarer? Egal, wie viele Steine es gibt, kein Mensch würde sie gegen einen Diamanten austauschen. So war der Wert von Mose, der seine Bestimmung in der Menschheitsgeschichte erfüllte, kostbarer als Millionen von Menschen, die dies nicht taten (2. Mose 32,10).

In 4. Mose 12,3 lesen wir über Moses: *„Der Mann Mose aber war sehr demütig, mehr als alle Menschen, die auf dem Erdboden waren."* Im Vers 7 bestätigt ihm Gott: *„So steht es nicht mit meinem Knecht Mose. Er ist treu in meinem ganzen Haus."*

Die Bibel berichtet an vielen Stellen, wie sehr Gott diesen Mose liebte. In 2. Mose 33,11 heißt es: *„Und der HERR redete mit Mose von Angesicht zu Angesicht, wie ein Mann mit seinem Freund redet; dann kehrte er, Mose, ins Lager zurück. Sein*

Diener Josua aber, der Sohn des Nun, ein junger Mann, wich nicht aus dem Innern des Zeltes." Und in 2. Mose 33 lesen wir, wie Mose Gott bat, sich ihm zu zeigen, und Gott erhörte ihn.

Der Apostel Paulus schien wie Gott zu sein

Der Apostel Paulus arbeitete sein ganzes Leben für den Herrn und war doch untröstlich über seine Vergangenheit, denn er hatte den Herrn verfolgt. Darum akzeptierte er schwierige Prüfungen dankbar und willig: "*Denn ich bin der geringste der Apostel, der ich nicht würdig bin, ein Apostel genannt zu werden, weil ich die Gemeinde Gottes verfolgt habe*" (1. Korinther 15,9).

Er kam ins Gefängnis, wurde unzählige Male geschlagen, befand sich oft in Lebensgefahr. Von den Juden bekam er fünfmal vierzig Schläge weniger einen. Dreimal schlug man ihn mit Ruten, einmal wurde er gesteinigt; dreimal erlitt er Schiffbruch; einen Tag und eine Nacht brachte er in Seenot zu. Oft war er auf Reisen, in Gefahren von Flüssen, in Gefahren von Räubern, in Gefahren von seinem Volk, in Gefahren von den Nationen, in Gefahren in der Stadt, in Gefahren in der Wüste, in Gefahren auf dem Meer, in Gefahren unter falschen Brüdern; in Mühe und Beschwerde, in Wachen oft, in Hunger und Durst, in Fasten oft, in Kälte und Blöße.

Sein Leiden war so schwer, dass er in 1. Korinther 4,9 schreibt: "*Denn mir scheint, dass Gott uns, die Apostel, als die Letzten hingestellt hat, wie zum Tod bestimmt; denn wir sind der Welt ein Schauspiel geworden, sowohl Engeln als auch Menschen.*"

Warum ließ Gott zu, dass der Apostel Paulus, der so treu war, derartig verfolgt und mit so vielen Schwierigkeiten konfrontiert wurde? Gott wollte, dass Paulus als ein Mensch mit einem wunderbaren Herzen, das so klar wie Kristall ist, daraus hervorging. In all den schwierigen Situationen, in denen er jederzeit hätte verhaftet oder getötet werden können, konnte sich Paulus auf niemanden außer auf Gott verlassen. Bei Gott allein fand er Trost und Freude. Er verleugnete sich ganz und entwickelte ein Herz, wie der Herr es hat.

Das folgende Bekenntnis von Paulus ist so anrührend, weil er aus der Bedrängnis als eine wunderbare Person hervorging. Er wollte Herausforderungen nicht ausweichen, auch wenn es schwierig war, ihnen zu widerstehen. Er bekannte seine Liebe für die Gemeinde und ihre Mitglieder in 2. Korinther 11,28: *„[A]ußer dem Übrigen noch das, was täglich auf mich eindringt: die Sorge um alle Gemeinden.*"

Außerdem sagte er in Römer 9,3 über sein Volk, das ihn töten wolle: *„... denn ich selbst, ich habe gewünscht, verflucht zu sein von Christus weg für meine Brüder, meine Verwandten nach dem Fleisch.*" Mit „meine Brüder, meine Verwandten" sind hier die Juden und Pharisäer gemeint, die Paulus so sehr verfolgten, um seinen Dienst zu stören.

In der Apostelgeschichte 23,12-13 steht geschrieben: *„Als*

es aber Tag geworden war, rotteten sich die Juden zusammen, verschworen sich mit einem Fluch und sagten, dass sie weder essen noch trinken würden, bis sie Paulus getötet hätten. Es waren aber mehr als vierzig, die diese Verschwörung gemacht hatten.“

Paulus hat nie etwas getan, weswegen sie ihm gegenüber ungute Gefühle gehabt hätten. Paulus log sie nie an und fügte ihnen nie Schaden zu. Doch weil er das Evangelium predigte und die Kraft Gottes demonstrierte, bildeten sie eine Gruppe, die schwor, sie würde ihn töten.

Er aber betete, dass diese Menschen gerettet würden, selbst wenn das bedeutet hätte, dass er seine eigene Errettung verliert. Darum gab Ihm Gott auch solche Kraft: Er hatte große Güte praktiziert – durch die er auch bereit war, sein Leben für die zu opfern, die ihm schaden wollten. Gott ließ ihn außerordentliche Werke tun. Er trieb böse Geister aus, Krankheiten wichen, wenn Schweißtücher oder Schürzen, die er betend berührt hatte, den Kranken aufgelegt wurden.

Er nannte sie „Götter“

Johannes 10,35 lautet: *„Wenn er jene Götter nannte, an die das Wort Gottes erging – und die Schrift kann nicht aufgelöst werden.“* Wenn wir das Wort Gottes empfangen und in die Tat umsetzen, werden wir zu Menschen der Wahrheit oder – anders ausgedrückt – zu Menschen des Geistes. So werden wir Gott ähnlich: Erst wird man ein vom Geist geprägter Mensch und dann zu einem vollkommen vom Geist geleiteten Menschen. In diesem Maße können wir auch zu Wesen werden, die Gottes Ebenbild widerspiegeln.

In 2. Mose 7,1 steht: „*Und der HERR sprach zu Mose: Siehe, ich habe dich für den Pharao zum Gott eingesetzt, und dein Bruder Aaron soll dein Prophet1 sein.*" Und in 4,16 lesen wir: „*Er aber soll für dich zum Volk reden. Und es wird geschehen, er wird für dich zum Mund sein, und du wirst für ihn zum Gott sein.*" Gemäß der Heiligen Schrift hat Gott also Mose mit solch einer großen Kraft ausgestattet, dass dieser vor dem Volk an Gottes statt auftreten konnte und sollte.

In der Apostelgeschichte 14 befiehlt Paulus einem Man, der nie zuvor laufen konnte, aufzustehen und zu gehen – in dem Namen Jesu. Als dieser aufsteht und herumspringt, sind die Leute erstaunt und sagen: „*Die Götter sind den Menschen gleich geworden und sind zu uns herabgekommen*" (Verse 11). Wie in diesem Beispiel können diejenigen, die mit Gott wandeln, wie Gott erscheinen, denn sie sind vom Geist geprägte Menschen, auch wenn sie noch in physischen Körpern leben.

So wird es in 2. Petrus 1,4 beschrieben: „*...durch die er uns die kostbaren und größten Verheißungen geschenkt hat, damit ihr durch sie Teilhaber der göttlichen Natur werdet, die ihr dem Verderben, das durch die Begierde in der Welt ist, entflohen seid.*"

Wir wollen uns bewusst machen, dass es Gottes dringlicher

Wunsch ist, dass der Mensch an Seiner göttlichen Natur Teil hat. Darum sollten wir das verderbliche Fleisch ablegen, an dem ohnehin nur die Macht der Finsternis Gefallen hat. Wir sollten Geistliches durch den Geist hervorbringen und wirklich und wahrhaftig an der Natur Gottes teilhaftig werden.

Wenn wir auf die Ebene kommen, wo wir ganz vom Geist geprägt sind, haben wir den Geist vollkommen wiedererlangt. Den Geist vollkommen wiederzuerlangen, bedeutet, dass wir das Ebenbild Gottes, das durch die Sünde Adams verloren ging, nun wieder haben. Das bedeutet auch, dass wir an der göttlichen Natur teilhaben.

Wenn wir diese Ebene erreichen, können wir die Kraft empfangen, die Gott gehört. Gottes Kraft ist ein Geschenk, das diejenigen Kinder bekommen, die Gott gleichen (Psalm 62,12). Beweis dafür, dass man die Kraft Gottes empfangen hat, sind Zeichen und Wunder, außergewöhnliche und wunderbare Dinge, die allesamt durch das Wirken des Heiligen Geistes geschehen.

Wenn wir diese Kraft empfangen, können wir zahllosen Seelen den Weg zum Leben und zur Errettung weisen. Petrus tat in der Kraft des Heiligen Geistes viele Werke.

Nach nur einer Predigt bekehrten sich fünftausend Menschen. Die Kraft Gottes ist der Beweis dafür, dass der lebendige Gott bei und mit dieser Person ist. Auf diese Weise kann man auch sicherstellen, dass Glauben in die Menschen gepflanzt wird.

Manche Menschen würden gar nicht glauben, wenn es keine Zeichen und Wunder gäbe (Johannes 4,48). Darum demonstriert Gott Seine Kraft durch Menschen, die vom Geist geprägt sind und die den Geist wiedererlangt haben, so dass andere an den lebendigen Gott glauben können – ebenso wie an den Retter Jesus Christus, die Existenz von Himmel und Hölle und die Wahrhaftigkeit der Bibel.

Kapitel 4
Der geistliche Reich

Die Bibel berichtet Vieles über den geistlichen Bereich und darüber,
wie Menschen ihn erleben.
Der geistliche Bereich ist auch der,
an den wir nach dem Leben hier auf Erden kommen.

Der Apostel Paulus kannte die Geheimnisse des geistlichen Bereiches

Der in der Bibel beschriebene, grenzenlose geistliche Bereich

Himmel und Hölle gibt es tatsächlich

Das Leben nach dem Tod für die Seelen, die nicht gerettet sind

Wie die Sonne und der Mond sich in ihrem Glanz unterscheiden

Der Himmel kann nicht mit dem Garten Eden verglichen werden

Das Neue Jerusalem – das beste Geschenk für die wahren Kinder Gottes

Wenn die Menschen, die das verlorene Bild von Gott wiedererlangt haben, ihr Leben auf der Erde beenden, kehren sie in den geistlichen Bereich zurück. Anders als der physische Bereich ist der geistliche Bereich grenzenlos. Wir können seine Höhe, Tiefe oder Breite nicht messen.

Dieser riesige geistliche Bereich kann in den des Lichtes und den der Finsternis unterteilt werden; der erste gehört Gott, im zweiten dürfen sich böse Geister bewegen. Im Raum des Lichtes ist das Königreich der Himmel, das für die durch Glauben erretteten Kinder Gottes vorbereitet worden ist. Im Hebräerbrief 11,1 steht geschrieben: *„Der Glaube aber ist eine Wirklichkeit dessen, was man hofft, ein Überführtsein von Dingen, die man nicht sieht."* Wie gesagt ist der geistliche Bereich eine Welt, die man nicht sehen kann. Doch so wie die Realität von Wind in der natürlichen Welt nicht konkret bewiesen werden kann, es sie aber dennoch gibt, bestätigen die manifesten Beweise ihrer Existenz das, worauf wir im Glauben hoffen, obwohl wir in dieser physischen Welt eigentlich gar keinen Grund hätten, darauf zu hoffen.

Glaube ist das Tor, das uns mit dem geistlichen Bereich verbindet. Auf diese Weise können diejenigen von uns, die in der physischen Welt leben, Gott begegnen, der im geistlichen Raum lebt. Durch Glauben können wir mit Gott, der Geist ist, kommunizieren. Wir können das Wort Gottes hören und verstehen, wenn unsere geistlichen Ohren offen sind. Wenn unsere geistlichen Augen offen sind, können wir in den geistlichen Raum hineinsehen, der unseren physischen Augen verborgen ist.

Wächst unser Glaube, werden wir eine größere Hoffnung auf das himmlische Königreich entwickeln und das Herz Gottes besser verstehen lernen. Wenn uns Seine Liebe bewusst wird und wir sie spüren, können wir nicht anders, als Ihn lieben. Weil Gott bei uns ist, werden darüber hinaus, wenn wir vollkommenen Glauben haben, Dinge im geistlichen Bereich geschehen, die im Natürlichen unmöglich wären.

Der Apostel Paulus kannte die Geheimnisse im geistlichen Bereich

Beginnend in 2. Korinther 12,1 erklärt Paulus seine Erlebnisse im geistlichen Bereich wie folgt: *„Gerühmt muss werden; zwar nützt es nichts, aber ich will auf Erscheinungen und Offenbarungen des Herrn kommen."* Hier geht es um sein Erlebnis im Paradies, im himmlischen Königreich im dritten Himmel.

In 2. Korinther 12,6 sagt er: *„Denn wenn ich mich rühmen*

will, werde ich doch nicht töricht sein, denn ich werde die Wahrheit sagen. Ich enthalte mich aber dessen, damit nicht jemand höher von mir denke, als was er an mir sieht oder was er von mir hört." Der Apostel Paulus machte viele geistliche Erfahrungen und empfing Offenbarungen von Gott, doch er konnte nicht über alles, was er über den geistlichen Raum gelernt hatte, berichten.

In Johannes 3,12 sagte Jesus: "*Wenn ich euch das Irdische gesagt habe, und ihr glaubt nicht, wie werdet ihr glauben, wenn ich euch das Himmlische sage?*" Selbst nachdem sie so viele mächtige Werke mit eigenen Augen gesehen hatten, konnten Jesu Jünger Ihm noch nicht vollständig glauben. Den echten Glauben bekamen sie erst, nachdem sie Zeugen der Auferstehung des Herrn geworden waren. Dann erst widmeten sie ihr Leben dem Königreich Gottes und der Verbreitung des Evangeliums. So wusste auch der Apostel Paulus sehr genau über den geistlichen Raum Bescheid und er erfüllte seine Pflicht sein ganzes Leben lang.

Gibt es denn keine Möglichkeit, dass wir den mysteriösen geistlichen Bereich so fühlen und verstehen wie Paulus? Natürlich gibt es sie. Zuerst einmal sollten wir uns nach dem geistlichen Raum sehnen. Sich wirklich nach dem geistlichen Raum zu sehen, beweist, dass wir Gott, der Geist ist, kennen und lieben.

Der grenzenlose geistliche Bereich in der Bibel

In der Bibel finden wir viele Beispiele für den geistlichen

Raum und geistliche Erlebnisse. Adam wurde als lebendiges Wesen, genauer gesagt als ein lebendiger Geist, geschaffen. Er konnte mit Gott kommunizieren. Auch nach ihm gab es noch viele Propheten, die mit Gott kommunizierten und Seine Stimme manchmal direkt hörten (1. Mose 5,22; 9,9-13; 2. Mose 20,1-17; 4. Mose 12,8). Bisweilen erschienen den Menschen Engel, um Botschaften von Gott weiterzugeben. Es gibt auch Berichte über vier lebendige Wesen (Hesekiel 1,4-14), Cherubim (2. Samuel 6,2; Hesekiel 10,1-6), feurige Pferde und feurige Wagen (2. Könige 2,11; 6,17), die alle in den geistlichen Raum gehören.

Das Rote Meer wurde in zwei geteilt. Wasser kam durch Moses, den Mann Gottes, aus einem Felsen. Sonne und Mond blieben durch das Gebet von Josua stehen. Elia betete zu Gott und holte Feuer vom Himmel. Nachdem er all seinen Pflichten auf Erden erfüllt hatte, fuhr Elia in einem Sturmwind auf in den Himmel. Das sind nur ein paar Beispiele dafür, wo der geistliche Bereich sich im physischen Raum entfaltete.

Außerdem kam in 2. Könige 6 die Armee von Aram, um Elisa zu fassen. Da wurden die Augen seines Dieners von Gehasi geöffnet, so dass er die Kutschen um Elisa herum sehen konnte, die ihn beschützen sollten. Daniel wurde durch eine Intrige seiner Kollegen in die Löwengrube geworfen, doch er blieb unverletzt, weil Gott Seinen Engel sandte, um den Löwen das Maul zu verschließen. Daniels drei Freunde widersetzten sich dem königlichen Befehl, um ihren Glauben zu bewahren. Dafür wurden sie in den Feuerofen geworfen, der siebenmal heißer als sonst angeheizt wurde. Doch nicht ein Haar wurde versengt.

Auch Jesus, der Sohn Gottes, nahm einen menschlichen Körper an, als Er auf die Erde kam, doch Er manifestierte die Dinge des grenzenlosen geistlichen Bereichs. Er war nicht durch den physischen Raum begrenzt. Er weckte Tote auf, heilte verschiedene Krankheiten und wandelte auf dem Wasser. Darüber hinaus erschien Er nach Seiner Auferstehung plötzlich zwei von Seinen Jüngern, die auf dem Weg nach Emmaus waren (Lukas 23,13-16). Er ging durch Hauswände und erschien so den Jüngern, die sich aus Angst im Haus eingeschlossen hatten (Johannes 20,19).

Dabei handelt es sich um Teleportation; sie geht über den physischen Raum hinaus. Das zeigt uns, dass der geistliche Bereich die Grenzen von Raum und Zeit übersteigt. Es gibt also über das hinaus, was wir mit unseren Augen sehen können, einen geistlichen Raum und Er, Jesus, bewegte sich in diesem geistlichen Raum, um dann an den Orten zu sein, wo Er sein wollte.

Die Kinder Gottes, die ihre Bürgerschaft im Himmel haben, müssen ein Verlangen nach geistlichen Dingen haben. Gott lässt Menschen, die sich danach sehnen, den geistlichen Bereich erleben, wie Er es in Jeremia 29,13 verheißen hat: *„Und sucht ihr mich, so werdet ihr mich finden, ja, fragt ihr mit eurem ganzen Herzen nach mir."*

Wir können in den Geist gehen und Gott kann unsere

geistlichen Augen öffnen, wenn wir Selbstgerechtigkeit, Selbstkonzeptualisierung und Ichbezogenheit sowie das Verlangen danach ablegen.

Der Apostel Johannes war einer der zwölf Jünger Jesu (Offenbarung 1,1 und 9). Im Jahr 95 nach Christus wurde er von dem römischen Kaiser Domitian festgenommen und in einen Behälter mit kochendem Öl geworfen. Doch er starb nicht und wurde stattdessen auf die Insel Patmos im Ägäischen Meer verbannt. Dort schrieb er die Offenbarung nieder.

Bevor Johannes diese Offenbarungen bekommen konnte, musste er sich dafür qualifizieren. Die Voraussetzungen dafür waren, dass er heilig war, ohne irgendetwas Böses in sich. Auch musste er das Herz des Herrn haben. So konnte er tiefe Geheimnisse und Offenbarungen über den Himmel empfangen – und zwar dank der Eingebung des Heiligen Geistes und durch seine eifrigen, aus einem vollkommen reinen und heiligen Herzen gesprochenen Gebete.

Himmel und Hölle existieren ganz gewiss

Im geistlichen Bereich gibt es Himmel und Hölle. Kurz nachdem ich die Manmin-Gemeinde eröffnet hatte, zeigte mir Gott im Gebet einmal Himmel und Hölle. Die Schönheit und das Glück, die man im Himmel spürt, lässt sich nicht in Worte fassen.

Im Neuen Testament empfangen diejenigen, die Jesus

Christus als ihren persönlichen Herrn annehmen, die Vergebung ihrer Sünden und ihre Errettung. Sie kommen, wenn ihr irdisches Leben zu Ende ist, zuerst einmal ins obere Grab. Dort bleiben sie drei Tage lang, um sich an den geistlichen Bereich zu gewöhnen. Danach kommen sie in ein „Wartezimmer" im Paradies im Königreich der Himmel. Abraham, der Vater des Glaubens, war bis zur Auferstehung unseres Herrn verantwortlich für das obere Grab. Darum finden wir den Bericht über den armen Lazarus im „Schoß Abrahams" in der Bibel.

Jesus predigte den Seelen im oberen Grab das Evangelium, nachdem Er am Kreuz Seinen letzten Atemzug getan hatte (1. Petrus 3,19). Nachdem stand Jesus wieder auf und brachte all jene Seelen ins Paradies. Seither kommen gerettete Seelen an diesen Ort und warten dort im Himmel am Rande vom Paradies. Nachdem Gericht vor dem großen weißen Thron kommen sie in ihr jeweiliges Zuhause im Himmel – je nach dem Maß ihres Glaubens. Dort werden sie dann in Ewigkeit leben.

Beim Gericht vor dem großen weißen Thron am Ende der Menschheitsgeschichte wird Gott alle Handlungen aller Menschen seit der Schöpfung richten – egal, ob gut oder schlecht. Man spricht vom Gericht vor dem großen weißen Thron, weil der Richterstuhl Gottes so strahlend hell sein wird, dass er vollkommen weiß erscheint (Offenbarung 20,11).

Dieses große Gericht wird gehalten werden, wenn der Herr durch die Luft auf die Erde zurückkommt – am Ende des tausendjährigen Reiches. Die Seelen, die gerettet sind, werden dabei ihre Belohnungen bekommen. Diejenigen, die es nicht sind, werden verurteilt und bestraft werden.

Das Leben nach dem Tod für die Seelen, die nicht gerettet sind

Diejenigen, die den Herrn zu Lebzeiten nicht angenommen haben und diejenigen, die ihren Glauben an Ihn zwar bekannten, aber nicht gerettet wurden, werden nach ihrem Tod von zwei Boten in die Hölle gebracht. Sie werden drei Tage lang in einem großen Loch sein, um sich darauf vorzubereiten im niederen Grab zu existieren. Das einzige, was sie erwartet, sind Schmerzen. Nach drei Tagen kommen sie ins niedere Grab und werden gemäß ihrer Sünden bestraft. Das niedere Grab gehört zur Hölle und ist so groß wie der Himmel. Es gibt dort viele verschiedene Stätten, an denen die Seelen, die nicht errettet wurden, untergebracht werden.

Vor dem Urteil am großen weißen Richterstuhl bleiben die Seelen im niedrigen Grab und werden dort auf verschiedene Art und Weise bestraft. Bestrafung heißt beispielsweise, dass sie von Insekten oder Tieren zerrissen oder von Botschaftern der Hölle gepeinigt werden. Nach dem Urteil vor dem großen weißen Richterstuhl kommen sie entweder in den Feuer- oder Schwefelsee und leiden ab da ewiglich (Offenbarung 21,8).

Die Bestrafung im See, der mit Feuer und Schwefel brennt, ist unvergleichlich schlimmer als die im niedrigen Grab. Das Feuer der Hölle ist unvorstellbar heiß. Der Schwefelsee ist sieben Mal heißer als der Feuersee. Er ist für Menschen, die unverzeihliche Sünden begangen haben, die also beispielsweise gegen den Heiligen Geist gelästert oder sich gegen Ihn gestellt haben.

Gott zeigte mir einmal den See, der mit Feuer und Schwefel brennt. Er war endlos und eine Art Dampf stieg auf – wie aus heißen Quellen. Darin konnte man, wenn auch undeutlich, Menschen sehen. Bei manchen sah man den Oberkörper, andere standen bis zum Hals darin. Im Feuersee winden sie sich und schreien. Im Schwefelsee waren allerdings die Schmerzen so mächtig, dass sie sich nicht einmal winden konnten. Wir sollten glauben, dass diese unsichtbare Welt tatsächlich existiert. Darum sollten wir gemäß dem Wort Gottes leben, so dass wir unsere Errettung definitiv empfangen.

So wie die Sonne und der Mond sich in ihrem Glanz unterscheiden

In Bezug auf unseren Leib nach der Auferstehung schreibt der Apostel Paulus: *„Aber anders ist … der Glanz der Sonne und ein anderer der Glanz des Mondes und ein anderer der Glanz der Sterne, denn es unterscheidet sich Stern von Stern an Glanz"* (1. Korinther 15,40b-41).

Mit der „Herrlichkeit der Sonne" sind die gemeint, die ihre Sünden ganz abgelegt haben, zufrieden waren und im

Hause Gottes auf Erden ganz treu waren. Die „Herrlichkeit" des Mondes bezieht sich auf die Herrlichkeit, die Menschen bekommen, die das Niveau der „Herrlichkeit der Sonne" nicht erreicht haben. Die „Herrlichkeit der Sterne" bekommen diejenigen, die noch weniger Herrlichkeit als der Mond haben. Darüber hinaus unterscheiden sich die Sterne in ihrer Herrlichkeit. Jeder wird eine andere Herrlichkeit und andere Belohnungen bekommen, selbst dann, wenn er auf derselben Ebene mit anderen in den himmlischen Ort einzieht.

In der Bibel lesen wir, dass wir im Himmel unterschiedliche Maße an Herrlichkeit erlangen werden. Die himmlischen Wohnungen, Orte und Belohnungen werden davon abhängen, inwieweit wir Sünden abgelegt haben, über geistlichen Glauben verfügen und wie treu wir im Königreich Gottes waren.

Das Himmelreich verfügt über viele verschiedene Orte, an die jeder gemäß seinem Glauben kommt. Das Paradies ist für diejenigen, die das geringste Maß an Glauben haben. Das Erste Königreich der Himmel ist eine Ebene höher als das Paradies und das Zweite Königreich der Himmel ist besser als das Erste. Dementsprechend ist das Dritte höher oder besser als das Zweite. Im Dritten befindet sich das Neue Jerusalem mit dem Thron Gottes.

Den Himmel kann man nicht mit der Erde vergleichen

Der Garten Eden ist ein so wunderschöner, friedlicher

Ort, dass man selbst den schönsten Ort auf Erden nicht damit vergleichen kann. Dennoch kann man ihn nicht mit dem himmlischen Königreich gleichsetzen. Das Glück im Garten Eden und das im himmlischen Königreich sind ganz anders, denn der Garten Eden ist im Zweiten Himmel, während sich das himmlische Königreich im Dritten befindet. Ein weiterer Grund dafür ist, dass diejenigen, die im Garten Eden leben, keine wahren Kinder sind, die den Prozess der menschlichen Kultivierung durchschritten hätten.

Stellen Sie sich vor, auf der Erde fände das Leben im Dunkeln statt – ganz ohne Licht; dann wäre das Leben im Garten Eden so, als hätte man eine alte Öllampe und das Leben im Himmel, als hätte man helles elektrisches Licht. Vor der Erfindung der Glühbirne, wurden Lampen verwendet, die nur ein schwaches Licht verbreiteten. Dennoch waren sie wertvoll. Als die Menschen aber zum ersten Mal elektrisches Licht sahen, staunten sie.

Wie bereist erwähnt, gibt es verschiedene Wohnstätten im Himmel, in denen Menschen leben werden – und zwar gemäß dem Maß ihres Glaubens und je nachdem, inwieweit sie ihren Geist hier auf Erden kultiviert haben. Alle himmlischen Wohnorte unterscheiden sich in ihrer Herrlichkeit und dem dort empfundenen Glück sehr stark von einander. Wenn wir über die einfache Ebene der Heiligung hinausgehen, Gott in allem treu sind und eine ganz und gar vom Geist geprägte Person werden, dürfen wir ins Neue Jerusalem, wo der Thron Gottes ist.

Das Neue Jerusalem, die beste Gabe für die echten Kinder

Jesus sagte in Johannes 14,2: *„Im Hause meines Vaters sind viele Wohnungen."* Es gibt darüber hinaus viele Wohnorte im Himmel. Dort befindet sich das Neue Jerusalem, wo sich der Thron Gottes steht. Daneben gibt es das Paradies, der Ort, an den diejenigen kommen, die sich gerade so noch haben retten lassen.

Das Neue Jerusalem wird auch als „Stadt der Herrlichkeit" bezeichnet; es ist der schönste aller himmlischen Wohnorte. Gott will nicht nur, dass alle gerettet werden, sondern auch in diese Stadt kommen (1. Timotheus 2,4).

Ein Bauer kann nicht ausschließlich Weizen von bester Qualität ernten. Ebenso wird nicht jeder, der Teil der menschlichen Zivilisation ist, zu einem echten Kind Gottes, das ganz vom Geist geleitet wird. Diejenigen, die sich nicht für das Neue Jerusalem qualifizieren, bekommen von Gott eine Wohnung im Paradies oder aber im Ersten, Zweiten oder Dritten Königreich der Himmel.

Das Paradies und das Neue Jerusalem unterscheiden sich stark, ähnlich wie sich eine kleine schäbige Hütte und ein königlicher Palast voneinander unterscheiden. So wie Eltern ihren Kindern nur das Beste geben wollen, möchte Gott, dass wir echte Kinder Gottes werden und im Neuen Jerusalem alles mit Ihm teilen.

Gottes Liebe ist nicht auf eine bestimmte Gruppe von Menschen beschränkt. Sie wird allen geschenkt, die Jesus Christus annehmen. Die himmlischen Wohnungen und Belohnungen und das Maß der Liebe Gottes, die vergeben werden, unterscheiden sich dagegen gemäß dem Maß der Heiligung und der Treue.

Diejenigen, die ins Paradies, das erste oder zweite Königreich im Himmel kommen, hatten ihr Fleisch nicht vollkommen abgelegt. Sie sind nicht wirklich wahre Kinder Gottes. So wie kleine Kinder nicht alles über ihre Eltern wissen, können auch sie Gottes Herz nur schwer verstehen. Gott hat aber in Seiner Liebe und Gerechtigkeit verschiedene Wohnungen vorbereitet – entsprechend dem Maß des Glaubens bei einem jeden.

Das Neue Jerusalem ist Beweis dafür, dass Gott durch die menschliche Zivilisation vollkommene Früchte bekommen hat. Die zwölf Grundsteine der Stadt zeigen, dass die Herzen der Kinder Gottes, die in die Stadt hineinkommen, so schön sind, wie die kostbaren Edelsteine in den Grundfesten. Die Tore aus Perlen zeigen, dass die Kinder, die da hindurchgehen dürfen, Geduld bewiesen haben – so wie Muscheln geduldig Perlen hervorbringen.

Wenn sie durch die Tore aus Perlen schreiten, erinnern sie sich – im Himmel angekommen – wie sie sich in Geduld und

Ausharren üben mussten. Während sie auf den goldenen Straßen unterwegs sind, denken sie an ihre Glaubensschritte auf der Erde. Die Größe und der Schmuck in den Häusern, die sie bekommen, werden sie daran erinnern, wie sehr Gott sie liebt und wie sie Ihm durch ihren Glauben die Ehre gaben.

Diejenigen, die ins Neue Jerusalem hinein dürfen, können Gott von Angesicht zu Angesicht sehen, denn sie haben sich ein reines, kristallklares Herz bewahrt und sind zu echten Kindern Gottes geworden. Ihnen werden auch viele Engel dienen und sie werden in Ewigkeit Glück und Freude verspüren. Der Himmel ist so erstaunlich, hinreißend, liebreizend und heilig, dass der Mensch es sich einfach nicht vorstellen kann.

So wie es hier verschiedene Bücher gibt, gibt es sie auch im Himmel. Im Buch des Lebens stehen zum Beispiel die Namen derer, die errettet wurden. Es gibt auch ein Buch der Erinnerung. In ihm stehen Dinge, an die man sich in alle Ewigkeit erinnern soll. Es sieht golden aus und auf dem Buchdeckel sind edle, königliche Muster zu sehen, an denen man ganz leicht erkennt, dass dieses Buch von größtem Wert ist. Darin steht, wer wann was tat; die wichtigen Teile sind als Film festgehalten.

Da ist zum Beispiel aufgenommen, wie Abraham seinen Sohn Isaak als Brandopfer darbringen wollte, wie Elia das Feuer vom Himmel herabrief, wie Daniel in der Löwengrube bewahrt wurde und wie seine drei Freunde im Feuerofen unverletzt blieben – um Gott die Ehre zu geben. Gott wählt einen besonders kostbaren Tag aus, um einen Teil des Buches zu öffnen und den Menschen den Inhalt mitzuteilen. Die Kinder Gottes hören Ihm glücklich zu und geben Ihm im Lobpreis alle Ehre.

Außerdem werden im Neuen Jerusalem ständig zahlreiche Banketts gehalten, darunter auch solche mit Gott dem Vater. Es gibt Banketts mit dem Herrn, dem Heiligen Geist oder Propheten wie Elia, Henoch, Abraham, Mose oder dem Apostel Paulus. Die Gläubigen können natürlich andere Geschwister zu sich zum Essen einladen. Solche Banketts sind der Höhepunkt im von Freude geprägten Leben im Himmel. Da sieht und genießt man den Überfluss, die Freiheit, Schönheit und Herrlichkeit des Himmels gleichzeitig.

Selbst hier auf Erden machen sich die Menschen schön zurecht und genießen es, zu einem großen Galadinner zu gehen. Das ist auch im Himmel so. Bei den Banketts im Himmel tragen Engel Lieder vor, sie tanzen und spielen Musik. Auch die Kinder Gottes dürfen singen und zur Musik tanzen. Überall gibt es Tänze und Lieder und glückliches Lachen ist zu hören. Die Menschen führen gute Gespräche mit anderen Glaubensbrüdern, während sie hier und da an den Tischen sitzen. Sie können aber auch die Glaubensväter, die sie schon lange kennen lernen wollten, begrüßen gehen.

Wenn sie zu einem Bankett des Herrn eingeladen sind, schmücken sich die Gläubigen für den Herrn äußerst sorgsam wie eine wunderschöne Braut. Der Herr ist geistlich gesehen unser Bräutigam. Wenn die Braut des Herrn das Schloss erreicht, wird sie sanftmütig empfangen – und zwar von zwei Engeln, die zu beiden Seiten des herrlich in goldenen Lichtern erstrahlenden Tores stehen.

Die Wände des Schlosses sind mit verschiedenen kostbaren Edelsteinen verziert. Der obere Rand der Mauer ist mit wunderschönen Blumen geschmückt und diese Blumen verströmen für die Braut des Herrn, die gerade eingetroffen ist, ein sanftes Aroma. Während die Neuankömmlinge ins Schloss gehen, hören sie die musikalische Klänge, die ihren Geist unendlich tief anrühren. Sie spüren Glück und Trost im Klang des Lobpreises und denken an die Liebe Gottes, die sie an diesen Ort geführt hat.

Während sie von Engeln begleitet die Straße aus Gold entlang gehen, hin zum Hauptgebäude im Schloss des Herrn, sind sie ganz aufgeregt. Je mehr sie sich dem Gebäude nähern, desto bessern können sie den Herrn sehen, der herausgekommen ist, um sie in Empfang zu nehmen. Sofort füllen sich ihre Augen mit Tränen, doch dann rennen sie auf den Herrn zu, weil sie Ihm so schnell wie möglich begegnen wollen.

Der Herr umarmt einen nach dem anderen. Dabei ist Sein Gesicht voller Liebe und Mitgefühl und seine Arme sind weit offen. Er begrüßt sie mit den Worten: „Komm, meine schöne Braut. Willkommen!" Die Gläubigen, die vom Herrn herzlich willkommen geheißen werden, danken Ihm von ganzem Herzen: „Ich danke Dir, dass Du mich hereingebeten hast!" So wie diejenigen, die eine tiefe Liebe verbindet, gehen sie Hand in Hand mit dem Herrn, schauen hier und da nach rechts oder links und unterhalten sich mit Ihm, so wie sie sich das auf der Erde schon lange gewünscht hatten.

Das Leben im Neuen Jerusalem in der Gemeinschaft mit dem dreieinen Gott ist erfüllt von Liebe, Freude, Glück und Fröhlichkeit. Wir werden den Herrn von Angesicht zu Angesicht sehen, in Seinem Arm sein, mit Ihm reisen und viele verschiedene Dinge mit Ihm genießen dürfen! Was für ein glückliches Leben das sein wird! Um dieses Glück genießen zu können, müssen wir heilig werden und unseren Geist so vollkommen entwickeln, dass er das Herz des Herrn perfekt widerspiegelt.

So wollen wir schnell zu einem vollkommen vom Geist geprägten Menschen werden – mit dieser Hoffnung. Lassen Sie uns den Segen empfangen, dass es uns in allen Bereichen gut geht und dass wir gesund sind und es unserer Seele gut geht. Mögen wir dann später im herrlichen Neuen Jerusalem so nahe am Thron Gottes sein.

Der Autor:
Dr. Jaerock Lee

Dr. Jaerock Lee wurde 1943 in Muan in der Provinz Jeonnam in der Republik Korea geboren. Im Alter zwischen 20 und 30 Jahren litt Dr. Lee sieben Jahre lang unter vielen unheilbaren Krankheiten und wartete nur noch auf den Tod, denn Hoffnung auf Heilung gab es nicht. Eines Tages im Frühling 1974 nahm ihn allerdings seine Schwester mit in eine Kirche und als er sich zum Gebet hinkniete, heilte ihn der lebendige Gott sofort von all seinen Krankheiten.

Seit Dr. Lee dem lebendigen Gott auf diese wunderbare Art und Weise begegnete, liebt er Ihn aufrichtig und von ganzem Herzen. Im Jahr 1978 wurde er zum Diener Gottes berufen. Er betete eifrig, denn er wollte den Willen Gottes klar verstehen und erfüllen und dem gesamten Wort Gottes gehorchen. Im Jahr 1982 gründete er in Seoul die Manmin-Gemeinde und seither sind in seiner Gemeinde unzählige Werke Gottes, einschließlich herrlicher Heilungen und Wunder, geschehen.

Dr. Lee wurde 1986 auf der Jahresversammlung der koreanischen Jesusgemeinde in Sungkyul zum Pastor geweiht und vier Jahre später, 1990, begann die Übertragung seiner Botschaften in Australien, Russland, auf den Philippinen und in vielen anderen Ländern durch Rundfunkanstalten wie die Far East Broadcasting Company, die Asia Broadcast Station und das Washington Christian Radio System.

Drei Jahre später, 1993, wurde die Manmin-Gemeinde von der US-amerikanischen Zeitschrift *Christian World* zu einer der „Top 50-Gemeinden der Welt" gewählt und er erhielt vom *Christian Faith College* in Florida den Ehrendoktortitel; 1996 erhielt er den Doktortitel vom *Kingsway Theological Seminary* in Iowa.

Seit 1993 steht Dr. Lee bei der weltweiten Evangelisation mit an der Spitze – und zwar durch viele Großveranstaltungen in Übersee, wie in Tansania, Argentinien, L.A., Baltimore City, Hawaii und New York City in den USA, in Uganda, Japan, Pakistan, Kenia, auf den Philippinen, in Honduras, Indien, Russland, Deutschland, Peru, in der Demokratischen Republik Kongo, in Israel und Estland.

2002 bezeichneten ihn große christliche Zeitungen in Korea wegen seines mächtigen Dienstes bei Evangelisationen auf der ganzen Welt als „weltweiten Erweckungsprediger". Besonders zu nennen ist seine

Großevangelisation von 2006 im Madison Square Garden, der weltbekannten Arena in New York, die in 220 Nationen übertragen wurde, sowie seine „Vereinte Großevangelisation in Israel" 2009, die im Internationalen Kongresszentrum von Jerusalem stattfand, bei der er kühn verkündigte, dass Jesus Christus der Messias und Retter ist. Seine Predigten werden via Satellit, beispielsweise über GCN TV, in 176 Ländern ausgestrahlt. 2009 und 2010 wurde er von der beliebten russischen Zeitschrift *„Im Sieg"* als einer der zehn einflussreichsten christlichen Leiter bezeichnet. Die Nachrichtenagentur *Christian Telegraph* ehrte ihn für seinen mächtigen TV-Dienst und seinen pastoralen Dienst für die Gemeinden in Übersee.

Im Oktober 2018 zählte die Manmin-Gemeinde über 120.000 Mitglieder. Es gibt in Korea und überall auf dem Globus verteilt 11.000 Tochtergemeinden. Bisher sind 102 Missionare in über 23 Länder entsandt worden, wie zum Beispiel in die Vereinigten Staaten, nach Russland, Deutschland, Kanada, Japan, China, Frankreich, Indien, Kenia und viele anderen Länder.

Zur Zeit dieser Veröffentlichung hat Dr. Lee 108 Bücher geschrieben, darunter Bestseller wie *Schmecket das ewige Leben vor dem Tod, Mein Leben, Mein Glaube: Teil 1 und 2, Die Botschaft vom Kreuz, Das Maß des Glaubens, Der Himmel: Teil 1 und 2, Die Hölle* und *Die Kraft Gottes.* Seine Werke sind in über 76 Sprachen übersetzt worden.

Seine christlichen Kolumnen erscheinen in *The Hankook Ilbo, The Chosun Ilbo, The JoongAng Daily, The Dong-A Ilbo, The Seoul Shinmun, The Kyunghyang Shinmun, The Korea Economic Daily, The Korea Herald, The Shisa News* und *The Christian Press.*

Dr. Lee leitet derzeit viele Missionsorganisationen und -vereine in folgenden Positionen: Vorsitzender der United Holiness Church of Jesus Christ, ständiger Präsident von The World Christianity Revival Mission Association; Gründer und Aufsichtsrat vom Global Christian Network (GCN); Gründer und Aufsichtsrat vom The World Christian Doctors Network (WCDN) und Gründer und Aufsichtsrat von der Bibelschule Manmin International Seminary (MIS).

Der Himmel I & II

Eine detaillierte Darstellung der herrlichen Lebensumstände der Bewohner des Himmels und eine wunderschöne Beschreibung der verschiedenen Ebenen in den himmlischen Königreichen.

Die Botschaft vom Kreuz

Ein mächtiger Weckruf an alle Menschen, die geistlich schlafen! In diesem Buch finden sie den Grund, warum Jesus der einzige Retter ist und die echte Liebe Gottes verkörpert.

Die Hölle

Eine ernste Botschaft Gottes an die gesamte Menschheit; Er will nicht, dass auch nur eine Seele in die Tiefen der Hölle abstürzt! Sie werden die bisher noch nie veröffentlichte, grausame Realität des Abgrunds und der Hölle entdecken.

Geist, Seele und Leib. Teil II

Dieses Buch erläutert den Ursprung und die Gestalt Gottes, den Raum des Geistes, Dimensionen sowie Licht und Finsternis. Es präsentiert das Geheimnis, wie man zu einer vollkommen vom Geist geprägten Person werden kann – ohne die gewöhnlichen Einschränkungen, die Menschen sonst haben.

Das Maß des Glaubens

Was für einen Wohnung, Krone und Belohnung stehen für Sie im Himmel bereit? Dieses Buch schenkt Ihnen Weisheit und hilft Ihnen, Ihren Glauben zu messen und den besten und reifsten Glauben zu entwickeln.

Wache auf, Israel

Warum ruht Gottes Auge schon vom Anbeginn der Welt bis zum heutigen Tage immer auf Israel? Was hat Er für das Israel, das immer noch auf den Messias wartet, gemäß Seiner Vorsehung für die Endzeit vorbereitet?

Mein Leben, Mein Glaube I & II

Ein duftendes, geistliches Aroma entspringt einem Leben, das aufblühte mit einer unvergleichlichen Liebe – mitten unter dunklen Wellen, kalten Jochen und tiefer Verzweiflung.

Die Kraft Gottes

Diese wichtige Anleitung muss man gelesen haben, so dass man echten Glauben haben und die wunderbare Kraft Gottes erleben kann.

www.ingramcontent.com/pod-product-compliance
Lightning Source LLC
Chambersburg PA
CBHW020318160726
47992CB00004B/1593